図解 ニュースに出る

俗説やフェイクを見抜く――

一生モノのスキルが
★★★
★★★ 身につく本

経済数字の本当の読み方

角川 総一 著

WAVE出版

はじめに

〈本書の構成、使い方について〉

　本書では、まず第1章で、新聞やテレビなどのニュースで良く目にしたり、耳にしたりする経済データや経済常識について取り上げ、はたしてそれをそのまま信じていいのか、という疑問を提示し、その詳細について、第2章以降で実例データや事例を基にわかりやすく解説しています。

　また、最初から最後まで通してお読みになる必要はなく、興味や関心のあるところだけを読んでいただけるようにもなっています。

　第1章の項目をざっと見ていただくだけでも、いかに私たちがそのまま受け取っている情報やデータにさまざまな問題があり、恣意的な操作がされているか、ということがわかり、驚かれることと思います。

　そうしたフェイクや俗説とも言えるような情報に、踊らされ、騙されることのないように、第2章で解説している数々のトリックを見抜くスキルをぜひ身につけていただきたいと思います。

〈本書の狙い〉

　政府というものは、自らの政策の正しさ、その効果を印象づけるために巧妙に経済統計データを引用するものです。2012年末にアベノミクスなる政策パッケージを抱えて登場した第二次安倍政権以降で特にそれが顕著でした。

　アベノミクスが効果をあげたことを主張するために、首相自ら「雇

用者がとても増えた」というデータを口にし、「ほら、株もずいぶん上がったじゃないですか」と国会で答弁する光景を私たちはたびたび目にしてきました。

　読者の皆さんのほとんどが、そうした言葉やデータに疑いを持ちつつも、その真偽についての確証はないままに過ごしているのではないでしょうか。そして、多くのメディアが批評することなく流す情報に日々接しているうちに、それらの情報やデータが正しい、常識的なことのように思いこんでしまっています。

　政府が主張する、あるいは一般に当たり前だと流布されているそのような多くの経済データの解釈について、違った視点に立つと、まったく違った景色として見えてきます。

　これをさまざまな実例を通して体験していただこう。これが本書の究極の狙いです。

〈データはウソをつかない…けれど人間は?〉

　経済ニュースが取り上げる数字は、必ずある種の文脈の中で登場します。そして何らかの意味、あるいは評価を担って登場するものです。「輸出主導でGDPは1.9％上昇」であれば「1.9％も上がった」という価値評価を含みます。「日本の対外純資産は380兆円」だと「世界で最も豊かな国」といった意味を伴います。「失業率が4.1％から2.3％に低下」というニュース記事は「雇用情勢が劇的に改善した」という価値観とともに報じられます。

　さてそこで、私たちが受け取るその評価なり価値観はフェアなのかどうか?　そうした見方しかないのか?　別の見方はできないのか? 多くの方はあまり意識されないと思いますが、実はどんな経済データであろうと、多面的な見方が可能なのです。

「データはウソをつかないが、ウソをつこうとすればデータを使えばいい」。

一見すると非論理的に聞こえるアフォリズムですが、これはあらゆるデータの本質を突いています。

データそのものは無機質なものです。その無機質なものに意味を与えるのは、そのデータを扱う人間です。

つまり、それをどんな文脈で用いるかにより、その無機質なデータの意味、価値評価はカンタンに変わります。

データの扱い方いかんで、いくらでも印象操作が可能なのです。

〈経済データを読み解くテクニック&スキル〉

たとえば、あるポイントに石を置くと、敵方の石が一気にひっくり返ってしまう、オセロゲームのようなものだと思ってください。

つまり、見方ひとつで評価が180度変わってしまうのです。経済統計データも、そのように多面的な見方が可能なものなのです。

もちろん「新しい石を置く」ためには、いくつかの基本的な技法(テクニック、スキル)があります。この本では、その基本を実例付きでご紹介しています。

データの見方については往々にして、架空の数字を掲げたうえで説明されることが多いのですが、本書ではそうした方法はとりません。できるだけリアルな感覚で理解していただきたいため、原則として現実のデータを例にとって説明してあります。

本書でご紹介する経済データを読み解くための技法とは、たとえば次のようなものです。

① データの対象期間が適切であるかを問う

② データをいくつかの因数に分解する（中身を分ける）
③ 倍、％のデータのような二次データについては、必ず実数（一次データ）をチェックする
④ データの定義、単位を確認する
⑤ そのデータは名目値であるか、もしくは実質値であるかを問う
⑥ 通貨の種類を変えてみる
⑦ データが％（変化率）で示されていたときには実数値（水準）を見る
⑧ そのほかの因果関係が働いていないかをチェックする

　いずれも言われてみれば「な〜んだ、そんなことだったんだ」とすぐに気づくようなことがほとんどです。
　しかし、多くの方は経済データの基本的な見方についての訓練を受けてはこられなかったと思います。
　本書で取り上げたくらいのことは、少なくとも中学校の教程で必須テーマとすべきことだとあらためて今思います。

〈はじめに、の最後に〉

　こうしたことについて考えていると、アフリカのある国の小学校を舞台にしたドキュメンタリーフィルム中のある光景を思い出します。
　「なぜ学習するの？」と、粗末なテント小屋の教室で学ぶ児童が聞きます。
　それに対して先生が言うのです。
　「それは、騙されないためなんだよ」
　この国の人々は、西欧諸国などにどれだけ騙され続けてきたのでしょう？
　そして今は中国の大資本などによって鉱山会社の、あるいは大規模

コーヒー園の労働者がどれだけ虐げられ続けているのでしょう?
　翻って日本では、「騙されないために学ぶ」という文化はほとんどありませんでした。
　日本では、世の中を認識するうえでの基本は性善説によっています。特に青少年向けの教育の分野では、教える側が「騙されないために」と児童、生徒に説くことはある意味でタブーであったとさえ思います。
　しかし、今時代は変わってきたのだと思います。特に安倍政権になって以降、ぼやぼやしていると政府によって簡単に印象操作されかねないことが明らかになってきました。
　本書で、政府は経済に関する国民の印象を、データを用いてどのように操作するかを知ったうえで、それに対して批評的な立場に立つためにどうすればいいのかをぜひ知っていただきたいと思います。
　とともに、経済データってこんなに多様な読み方ができるんだ、と実感を持って感じていただければ筆者としてこれに過ぎる喜びはありません。

2019年4月吉日
金融データシステム代表
角川総一

ニュースに出る
経済数字の本当の読み方

Contents

はじめに

第1章 経済ニュースのこれホント、ウソ？

経済ニュースのこれホント、ウソ？ 01
014 アベノミクス効果で株が上がった？

経済ニュースのこれホント、ウソ？ 02
016 有効求人倍率は0.8倍から1.6倍へと急改善した？

経済ニュースのこれホント、ウソ？ 03
018 アベノミクスで雇用者が430万人も急増した？

経済ニュースのこれホント、ウソ？ 04
020 アベノミクスで失業率が4.1％から2.3％へと劇的に改善した？

経済ニュースのこれホント、ウソ？ 05
022 民主党政権時のほうがアベノミクス時より成長率は高かった？

経済ニュースのこれホント、ウソ？ 06
024 円安になれば輸出数量は増える？

経済ニュースのこれホント、ウソ？ 07
026 国民総所得（GNI）を1人あたり10年後に150万円以上増やす？

経済ニュースのこれホント、ウソ？ 08
028 政府自体が統計データに対する不信を表明したことがある？

経済ニュースのこれホント、ウソ？ 09
030 GDPは前期（年）比で見ていれば良い？

経済ニュースのこれホント、ウソ？ 10
032 日経平均株価は27年ぶりの高値？

経済ニュースのこれホント、ウソ？ 11
034 日本の食料自給率は38％と世界でも最低に近い？

経済ニュースのこれホント、ウソ？ 12
036 賃金が上がらなくても、個人消費は増える？

経済ニュースのこれホント、ウソ？ 13
038 実質賃金が上昇すれば、生活の豊かさレベルは上がる？

経済ニュースのこれホント、ウソ？ 14
040 老齢年金額は現役世代の50％がメド？

経済ニュースのこれホント、ウソ？ 15
042 2012年から2018年までに家計が持つ株式は6割増えた？

経済ニュースのこれホント、ウソ？ 16
044 GDPが増えたので景気は良くなっている？

経済ニュースのこれホント、ウソ？ 17
046 雇用者が増えて、1人あたりの労働時間が減ったのだから国民生活は豊かになった？

経済ニュースのこれホント、ウソ？ 18
048 1995年、日本は世界一の経済大国になりかけた？

経済ニュースのこれホント、ウソ？ 19
050 物価を上げれば、景気は良くなる？

経済ニュースのこれホント、ウソ？ 20
052 日本の消費税率は20％超のEU各国に比べ格段に低い？

経済ニュースのこれホント、ウソ？ 21
054 円高で日本株安、円安で日本株高？

経済ニュースのこれホント、ウソ？ 22
056 消費者物価は前年比で0.8％上昇している？

経済ニュースのこれホント、ウソ？ 23
058 消費者物価指数は1％以下の上昇だから、物価は上がっていない？

経済ニュースのこれホント、ウソ？ 24
060　金融緩和で通貨供給を増やせばデフレから脱却できる？

経済ニュースのこれホント、ウソ？ 25
062　私たちにとっての円安は、米国人にとってはドル高である？

経済ニュースのこれホント、ウソ？ 26
064　利下げは景気を回復させる？

経済ニュースのこれホント、ウソ？ 27
066　いくら金利が低くても、預貯金は減らないのだから安全？

第2章　視点を変えれば見えてくる

070　1｜原因はそれだけですか？
074　2｜データの対象期間は適切か？
078　3｜為替相場しだいで容易に逆転する各国比較
082　4｜過去のデータにさかのぼって見てみると……
086　5｜そのデータ、日本から見るか米国から見るか？
092　6｜ミクロ（魚の目）とマクロ（鳥の目）

第3章　データを分解する

098　1｜二次データは、必ず一次データ（実数値）を参照する
102　2｜雇用者って誰？ その内訳を見てみると……
106　3｜前月（前年）比データの限界を知る
110　4｜経済統計データは固有のバイアスを抱えている
114　5｜同じ「雇用者1人」といってもまるで意味が違う！

第4章 データの限界を知る

- 122　1｜政府自身が公的データを疑う理由
- 126　2｜政府が新しい指標を持ち出したら、その真意を疑う
- 132　3｜「時間」抜きデータの限界を知る
- 136　4｜ここで言う「物価指数」とは、4つのうちのどれ？
- 140　5｜実態から乖離し始めた物価指数に注意

第5章 データの前提条件を疑う

- 146　1｜比較する前提条件や時代背景は同じか？
- 150　2｜株価にも名目と実質があり
- 154　3｜データの単位を疑う
- 158　4｜その言葉、定義は正しいか？
- 162　5｜その株式保有データは名目か実質かと問う
- 166　6｜異なる前提では比較しない

第6章 データの因果関係を疑う（旧常識から脱する）

- 172　1｜輸出の為替感応度が急激に低下
- 176　2｜切れつつある円相場と日本株の関係
- 180　3｜お金を供給しても物価は上がらない
- 184　4｜金融政策が効かなくなってきた！！
- 188　5｜もう金利は上がらないのかもしれない

Column

- 068 〈グラフトリック その1〉左右の目盛りの違いを見破る
- 090 1ドル＝100円⇒125円。「円の下落率」と「ドルの上昇率」は同じ？
- 095 誤解されがちな「平均賃金が下がった」
- 096 〈グラフトリック その2〉グラフの傾きにご注意！
- 118 「輸出主導」での経済回復って、企業ががんばった結果なの？
- 120 〈グラフトリック その3〉それは基準時のとり方いかんです
- 130 突如新しい物価指標「日銀コア」指数を持ち出してきた日銀
- 135 あなたの「秒給」はいくら？
- 144 〈グラフトリック その4〉「同じ傾き」＝「同じ変化率」ではない
- 169 経済は「マクロ」と「ミクロ」
- 170 〈グラフトリック その5〉目盛りのとり方に注意

◆ 本文イラスト　悴田進一
◆ カバー・本文デザイン　朝川尚貴（Hikidashi）
◆ 図表製作　原田弘和
◆ 編集協力　安藤彩紀
◆ 企画・編集　山田真司（エマ・パブリッシング）

Is that true?

第 1 章

経済ニュースの
これホント、ウソ？

「アベノミクスで雇用者が400万人も増えた」「円安になると輸出が増える」「日本の食料自給率はとても低い」……このようなニュースで良く見る"経済の常識"や"数字"は、そのまま信じていいのでしょうか？

経済ニュースの これホント、ウソ？ 01

POINT!
「それ以外の原因は考えられないか」と考えてみよう
アベノミクス効果で株が上がった？

日本株が上がったといっても、そのときは米国株も同じように上がっていました……。
だから、「日本独自の政策が効いたため」に株価が上がった、という理屈は通りません。
日本株だけが上昇していたのであれば、アベノミクスの成果となりますが……。

➡ その時期だけを見たのではわからない！因果関係の基本を整理する

とかく経済メカニズムは複雑なものです。かっこ良く言えば複雑系。何しろあらゆる経済要素が互いに影響しあい、かつその因果関係だって逆転することも珍しくありません。

さらに現在では経済取引がグローバルレベルで行われているので、純粋に国内だけで因果関係が完結することもまずありません。

野党からの政策批判について安倍首相が応じるときにはたいてい「だって、株はここまで上がったんですよ！」と言う。

確かに、日経平均で見ると、2012年12月26日に第二次安倍政権が発足した日には1万400円であったのが2年後には2万円まで上がっています。

もちろん首相は「アベノミクス」が原因で「日本株高」という結果をもたらしたのだ、と言いたいわけでしょう——しかし、ちょっと待った！

「〇〇は政策の効果によるもの」といった主張のもとで何らかのデータが示されたときには、「その結果をもたらす要因を改めて問う」というのが基本中の基本です。

「それ以外の原因は考えられないか」——と。

さて、こうした視点から見れば、アベノミクス下での日本株高はどう読めばいいのでしょうか？ その方法を070ページで学んでいきましょう。

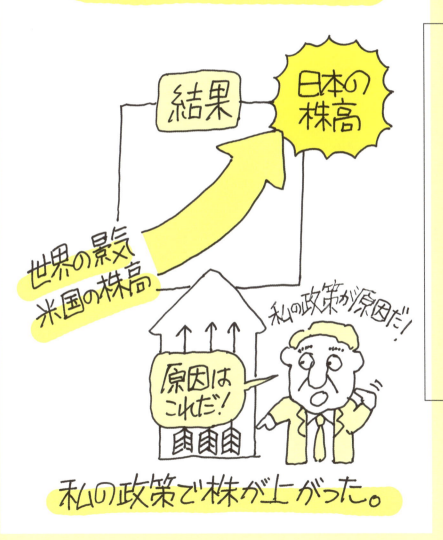

経済ニュースの これホント、ウソ？

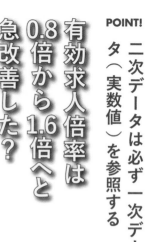

POINT!
二次データは必ず一次データ（実数値）を参照する

有効求人倍率は0.8倍から1.6倍へと急改善した？

「とても額面どおりに受け取るわけにはいかない」――という言い方があります。
「有効求人倍率が上がった」といったデータなどは、まさにその典型です！
話半分くらいに聞いておきましょう

➡ わが国の人口構成（ピラミッド）はどうなっている？

「有効求人倍率が大幅に改善しているじゃないですか！」――これも、アベノミクスの成果を誇りたい安倍首相が口にするフレーズです。

求人倍率が「急改善」「顕著に改善」というのですが、「改善」というよりは「半分は偶然の産物」で、政策の効果でもなんでもないのです。

実はこの倍率は、半分くらいは差し引いて聞いておかねばならない代物なのです。いわば上げ底のデータです。

どういうことでしょうか？

倍率で示されるデータは言うまでもなく"二次情報"。二次データです。つまり、もともとのデータを加工して得られたデータです。

有効求人倍率は、「有効求人数÷有効求職者数」で計算されます。

「有効」というのは、求職票や求人票の効力期間が2ヶ月であることによります。

さて、有効求人倍率のデータ＝数字をばらしてみると、どのような別の姿が見えてくるのでしょうか？

そこで見えてくる数字の本当の姿からは、とてもとても「急改善」とは言えないことがはっきりわかるのです。

詳しくは098ページからの解説をごらんください。

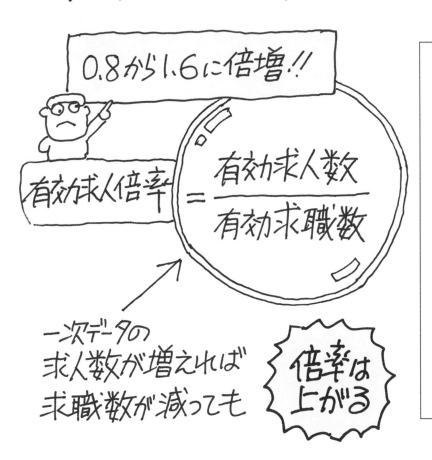

経済ニュースの これホント、ウソ？ 03

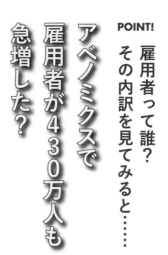

POINT!
雇用者って誰？
その内訳を見てみると……
アベノミクスで雇用者が430万人も急増した？

一口に"雇用者"といっても、「コンビニで週2日、5時間働く」バイトの人も、「大手企業で月に60時間残業していつも深夜帰宅」の課長さんも、どちらも同じ1人の雇用者としてカウントされているのです！
おかしくないですか？

➡「雇用者が増えたからそれでOK」とは言えない

　経済政策のもっとも大事なデータのひとつとされているのが「雇用者数」。
　雇用者が増えているということは、教科書的に言うとそれだけ仕事が増えていることになります。
　会社にしてみれば、仕事量が増えているため人手が必要になります。仕事量が増えているということは、景気がいいということ。
　これは経済政策がうまくいっている証拠だと胸をはれます。
　昔から景気対策の中心は、雇用者を増やし、失業者を減らすこと。
　日本銀行はちょっと違いますが、米国の中央銀行であるFRBは「物価の安定と雇用の確保」が金融政策の目的である、と宣言しています。
　しかし、残念ながら、雇用者が430万人も増えたといっても、これも額面どおりには受け取れない事情があります。
　それは、ちょっと気取って言えば「労働環境の多様化」が急速に進んでいるためです。
　一昔前までは「へぇー、雇用者がこんなに増えたんだ。まあまあ政策はうまくいっているね」と言えましたが、今はそんな単純に「雇用者が増えたからそれでOK」とは言えません。
　なぜか？　それは、その内訳を見てみると……？　答えは102ページにて。

経済ニュースの これホント、ウソ？ 04

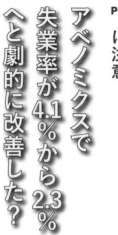

POINT!
データの対象期間は適切か、に注意

アベノミクスで失業率が4.1%から2.3%へと劇的に改善した？

失業率が下がり始めたのは、アベノミクス以降ではありません。
それよりずっと前、民主党政権の頃から一貫して下がってきていました。
政権を担当する前のことにはふれずに公表するとは、典型的な印象操作ではないでしょうか。

➡ 前後のデータを参照してみると……

データそのものは嘘をつきません。

しかし、その使い方により、見た人の印象を簡単にコントロールできます。これは、データを読むに際して、注意しないといけない原則のひとつです。

安倍政権が良く引用する「失業率が急速に改善したことを示すデータ」もそうです。

「私が政権についたときには失業率は4.1%でした。それが昨今では2.3%まで急速に改善してきています」——と、言います。

しかし、ここには安倍政権がスタートする前の失業率の推移については一切語られていないのです。

つまり一定の期間だけのデータしか示されていない。期間の選び方が恣意的なのです。

繰り返しますが、そのデータ自体は正しいです。しかし、そこから多くの人がイメージする内容はむしろ間違いだ、と言ったほうがいいのです。

「このデータの切り取り方は正しいか？」——こう疑問を感じたときには、その前後のデータを参照すること。これが経済数字を正しく見るためのスキルです。

「アベノミクスで雇用情勢が好転した」「その一環として失業率が劇的に下がった」といった主張に対しては、「すでに民主党政権時代から失業率は改善し始めていた」ことを示すデータを見てみれば良いのです。これはグラフを見れば明らかです。とても単純なからくりです。（→　詳細解説は074ページにて）

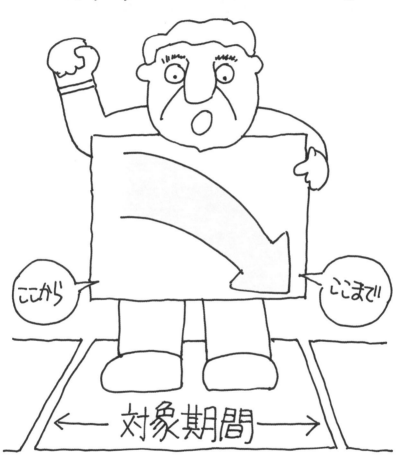

経済ニュースの これホント、ウソ？ 05

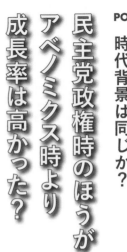

POINT!
比較する前提条件や時代背景は同じか？
民主党政権時のほうがアベノミクス時より成長率は高かった？

2015年の国会で、民主党が「民主党時代のほうが安倍政権時代よりGDPでみた経済成長率が高かった！」と主張していましたが――。

時代背景などの前提が違っているものを単純に比較するのは、時代背景をワザと無視して論議しているとしか見えません。

➡ 主張したいことに合わせた都合の良いデータや見せ方に注意！

ここまでを読んでこられた皆さんは、「筆者は反アベノミクスじゃなかったの？」というふうに思われたかもしれません。ここまではアベノミクスの政策効果への疑問ばかりを取り上げてきましたから。

しかし、私はこの本では、特定の立場に立って、ある政権の政策を全否定することもなければ、一定のイデオロギーだけでモノゴトを見ようとしたりはしていません。経済データの本質に迫るための基本的な方法論をお伝えすることが目的なので、是々非々の立場でニュースを取り上げていきます。

さて、特定の立場に立つ人が往々にして陥る"陥穽"（落とし穴、わな）とでも言うべきモノがあります。

それは、主張したいことが決まっているため、その目的に応じて、都合のいいデータを持ち出し、それを都合のいいように読み替えるということです。

振り返ってみれば、ここまでの安倍政権の国会内での経済データの解釈を巡るテーマについてもそうでした。

この「民主党政権時と安倍政権時のGDP比較」というテーマはとてもカンタン。

時代背景がまったく異なるのをワザと無視して、その政策の優劣を論じるという初歩的な誤りです。

しかも、それを報じるマスコミまでがそれに巻き込まれている――その様子も併せてご説明したいと思います。（解説は→ 146ページ）

Honto Uso?

第1章 経済ニュースのこれホント、ウソ？

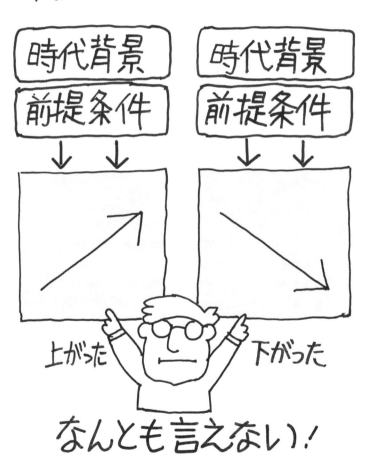

経済ニュースの
これホント、ウソ？ 06

POINT!
金額＝数量×価格

円安になれば輸出数量は増える？

2014年、「これだけ円安が進んでいるのに輸出量が増えないのはどうしてだ？」と、首相官邸から調査の依頼がいくつかのシンクタンクにあったそうです。
よほど、"想定外"だったのでしょう。
だって、円安になれば輸出数量は増えるはずだったのですから……。

➡「金額」なのか、「数量」なのか？――それが問題だ

　アベノミクスが始まって、最初のつまずきがこれでした。「円安になれば輸出が増えるに決まっている！」――ここからスタートしたのです。
　しかし、そうではありませんでした。そこで慌てた政府はアチコチにリサーチの依頼を行ったのです。
　「輸出が増えた」――これだけでは分かりません。「それは金額ですか、それとも数量ですか」と聞いて、初めてその数字、データの意味を把握できます。
　しかし、一般にはそれが区別されていない会話や文章がとても多く見られます。
　企業の売上げもそうです。「売上げが増えた」と言えば、たいていは「金額」なのですが、よくよく聞いてみると、「台数」とか「数量」を指していることがままあります。経済データにおいては「金額」なのか「数量」なのかで、その意味がまったく違ってきます。
　2013年4月から始まったアベノミクス下での異次元緩和で、円安がさらに進みました。翌2014年までに100円から120円へと一気に2割も円が下がったのです。
　そこで当然、輸出金額は増えました。しかし、輸出数量が増えなかったのです。
　1ドル＝80円のときに、1万ドルの小型乗用車を売れば実入りは80万円。それが、100円になれば100万円になる。売上げは大幅増です。「ハッピー」となるはずでしたが、官邸では「これだけでは誤算」となったのです。
　それは、なぜでしょうか？　さあ、172ページへ。

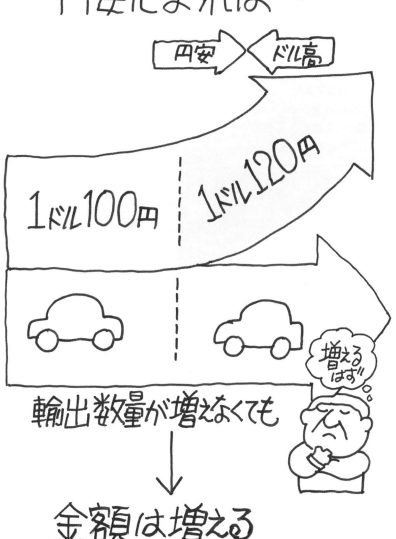

経済ニュースの
これホント、ウソ？ 07

POINT!
政府が新しい指標を持ち出したら、その真意を疑ってみる
国民総所得（GNI）を1人あたり10年後に150万円以上増やす？

安倍総理が「1人あたり国民総所得（GNI）を政策目標にする」と、突然言い始めたことがあります。
しかし、最近では、GNIなんて全然どこからも聞こえてきません……。
このように政府が新しい指標を口にしたときには何かしら狙いがあるんです。

➡ 政府は思いつきでモノを言う

　アベノミクスが本格的にスタートしてから間もない2013年6月のこと。安倍首相が「1人あたり国民総所得（GNI）を10年後までに150万円以上増やす」と言い始めました。

　成長率は、GDP（国民総生産）で測るのが常識なのに、GNI（国民総所得）を尺度にするというのです。

　しかし最近では、このGNIという言葉を見かけることはほとんどありません。政府も公式的な場ではこの統計データ名を口にすることはなくなりました。

　一般にはなじみのない経済指標を口にし始めた安倍首相の真意は何だったのでしょうか？——「政府は思いつきでモノを言う」——私はこう言いたいところなのですが、このGNI騒ぎもその格好の例でした。

　政府が新しい指標などを口にし始めたら、ちょっと疑ってかかったほうがいいでしょう。魂胆があることが多いのです。

　結論から言えば、GDPよりGNIで示したほうが経済規模はより大きく見せられます。さらには、これから日本の人口減少はますます進むため、国内の生産・販売は縮小する一方、企業の海外進出はさらに進むと考えたのでしょう。であるとすれば、GDPよりもGNIの伸びのほうが高く算出されるはずだったのです。

　それにしても、そもそもGNIとは何なのか、また最近GNIという言葉が出てこなくなったのはなぜなのでしょうか？　解説は126ページにて。

経済ニュースの
これホント、ウソ？ 08

2019年初頭から始まった政府統計データへの不信と言えば、民間、野党側からの追求でした。ですが、かつては政府自体がデータ不信を表明したことがありました。
2015年、当時の麻生財務大臣が「いくつかの統計は実態に比べ数値が低い」と、問題提起したのです。

POINT!
政府は常に政策効果を自慢できるデータを出したがる政府自体が統計データに対する不信を表明したことがある？

➡なぜ、自らが発表した統計データに疑問符？

「政府統計データは、現実を正しく表していないのかもしれない」——このような疑問は古くからありました。専門家はかねてより、単一のデータだけで結論を急ぐことの危険性を指摘していました。

「家計調査はサンプル数が少なく、データ入れ替え時の連続性に疑問がある」「民間在庫のプラス、マイナスが景気の良し悪しどちらを示しているかの判断が難しい」ことや、別項目で述べたようなGDPや物価指数データの限界などについてです。

しかし、少なくとも政府自らが公の席で政府統計への疑念を口にしたことはあまり例のないことでした。

ところが、2015年10月に至り、麻生財務担当大臣（当時）が、経済財政諮問会議の席上で「現在の統計データは、経済実態に比べ低く算出されている」と疑問を投げかけたのです。

とは言え、露骨に「低いぞ」と言ったのではなく、「経済政策を適切に行うベースとなるべきGDPを推計するうえでの基礎統計は改善する必要があるのではないか？」と、問題提起したのです。

その真意は「このデータだとアベノミクスが失敗だった、ということになりかねない」——というものでした。

そこで取り上げられたのは、家計調査、毎月勤労統計、消費者物価指数などでした。では、その詳細について122ページにて見ていきましょう。

Honto Uso?

第1章　経済ニュースのこれホント、ウソ？

経済ニュースの
これホント、ウソ？

POINT!
変化率だけではなく、元の数値を確認すべし
GDPは前期（年）比で見ていれば良い？

「2018年の個人消費は前年比で0.8％プラスでした」というように、主に経済データは前年比などで表されます。
でも、もともとの数値、実額で見てみると、「2014年の消費増税で落ち込んだ個人消費が回復するのに5年もかかった！」という事実がわかるのです！

➡ 前年比、前月比だけでは重要な真実を見逃してしまう！

　多くの経済統計データは、前年比あるいは前月比で表されます。
　住宅着工や自動車販売などは軒数や台数で示されることもありますが、ほとんどは前年比や前月比です。
　消費者物価は指数の動きが前年比で示されますし、鉱工業生産も前年比、四半期ごとに発表されるGDPは前期比の動きで表現されます——つまり、いずれも変化率です。
　これは、「発表された一番新しいデータがどのように変化していたのか？」という、変化の「方向」とその「勢いの強さ」を知ってもらうことが大事だ、という狙いや思いがあるからです。
　それ自体は悪いことではないのですが、どうしても短期的な視点でのデータの動きが優先して報道されることになります。
　そしてそれを私たちは当たり前だと思ってしまっています。
　データの動きを「方向」と「エネルギー量」として把握するだけではなく、変化率として加工される前の実数値を長期的な視点で見直してみると、初めて発見できることも多いのです。
　そのことについてさらに106ページにて解説しましょう。

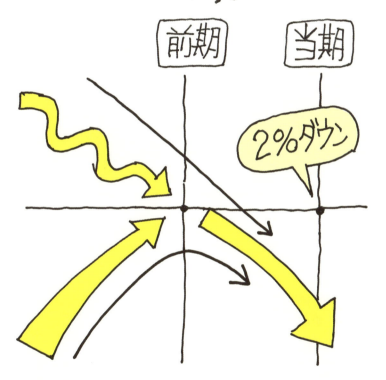

経済ニュースの
これホント、ウソ？ **10**

日経平均株価は27年ぶりの高値？

POINT!
名目値ではなく、実質値で見よ！

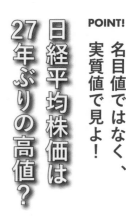

確かに、2018年9月に日経平均株価は2万4000円台に乗せました。これは1991年以来の27年ぶりの高値です。
でも、27年前と同じ価値を持っているかというとそうではありません。
なにせ、その間にあらゆる物価が平均的に10％上がっているのですから――。

➡ 株価は、なぜか名目値だけで表される!?

「日経平均株価が27年ぶりに高値を更新」――こんな記事がありました。2018年9月のことです。

このときには、日経平均株価が2万4000円台に乗せたのですが、これは1991年10月以来のことでした。

「そうか。そこまで上がったか！　すごいなぁ」――多くの方は、そんな印象を抱かれたと思うのですが――。

しかし実は、この間に物価（消費者物価指数）は10％くらい上がっているのです。

ということは、日経平均株価の本当の価値は、27年前と同じところまで戻した、とは言えないのです。

その間に物価が10％上がっていることを差し引けば、実質的には1991年当時よりまだ10％は低いと見たほうがいいわけです。

少なくとも実質的な価値を回復するためには、さらに10％上がって2万6400円くらいまで上がる必要があると見なければならないのです。

名目値ではなく、実質値で見ないと本当の数字の意味を見逃してしまいます。

ではそのことについて、もう少し詳しく150ページにて解説しましょう。

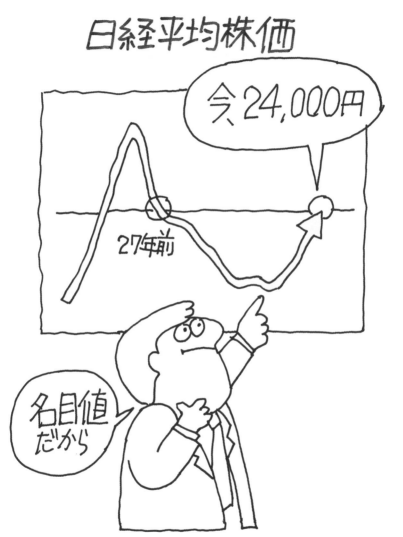

経済ニュースのこれホント、ウソ？ 11

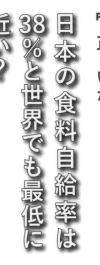

POINT!
言葉・用語の定義は正しいか？
日本の食料自給率は38％と世界でも最低に近い？

政府が恣意的なデータを使うことは、今に始まったことではありません。
少し昔のことですが、農林水産省などは「わが国の食料自給率は"38％"で、世界的に見てとても低い」と国民を扇動していました。
世界各国が使っている基準だと"66％"にもなるのに――。

➡ 実はそこまで低くない、わが国の食料自給率

　TPP（環太平洋パートナーシップ）への参加をめぐる論争。これはいつ頃だったでしょうか。あれだけ喧々諤々していたのに、米国抜きでいざスタートしたのが2018年12月。ずいぶん昔のことに思えます。情報量が格段に多くなっている分だけ記憶がドンドン過去に遠ざかる――ということは、自然の摂理なのでしょうか。
　ここに至るまではTPPを巡り、まさにわが国の国論を二分する勢いでした。
　もちろん原則として、「参加国の関税をゼロにすることで経済を活性化させよう」というのがTPPの最大の理念です。
　時の首相がTPPへ参加する意思があることを表明、それ以来官民を挙げてTPPへの参加についての実にさまざまな論議が行われていました。
　さて、ここで取り上げたいのは、TPPへの参加に反対してきた一大勢力である農林水産業界が主張していた、いわゆる「食料安全保障問題」です。
　「TPP参加により関税が原則ゼロになり、海外から廉価な農産物が大量に輸入されればわが国の農業は衰退せざるを得ない。その場合、ただでさえ食料自給率の低いわが国の自給率がさらに下がって大変なことになる」――こんなふうに主張されていたのです。
　しかし、こんな"38％"などという数字は、海外では通用しないことがその後明らかになったのです。
　その真相やいかに？　154ページにて。

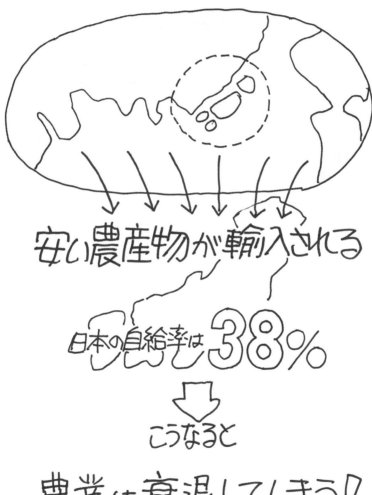

第1章 経済ニュースのこれホント、ウソ？

経済ニュースの これホント、ウソ？ 12

POINT!
ミクロ（魚の目）とマクロ（鳥の目）
賃金が上がらなくても、個人消費は増える？

「お父さんのお給料は全然上がっていないけど、息子が働き始めて家にちょっとお金を入れてくれるようになったから、わが家全体としてはだいぶ楽になったわ」——これって、国レベルでも同じことなのでしょうか。

➡ミクロ（魚の目）とマクロ（鳥の目）の2つの視点

　ちょっと前の話になりますが、2015年12月の衆院総選挙において、与野党間でちょっとした駆け引きがありました。
　この選挙戦の中で、実は経済データを見るうえでのとても有用な論議があったのです。
　第二次安倍政権が始まってからちょうど3年目にあたるこの時期は、アベノミクスの成否を読むうえで最も重要なテーマが「家計消費動向」であることは誰の目にも明らかでした。20年を優に超えるわが国のデフレ経済からの脱却の鍵を握るのが、家計消費だったからです。
　その家計消費に重要な影響を与えるのが、賃金。
　安倍政権が2014年以降、毎年、産業界に対して賃上げを要求したこともそのためです（政府が民間企業の賃金水準に口をはさむことの是非はさておき）。
　そうした中、この選挙戦において、「雇用・賃金」（つまりは労働市場）の現状を判断するに際して、与野党がまったく異なる経済統計データを持ち出したのです。
　それは、経済データをミクロで見るかマクロで見るか、という問題でもありました。
　これは経済データを見るうえでとても重要な視点です。
　さて、野党側は「賃金」データを問題にしたのに対し、これを受けてたった与党自民党は「雇用者所得」のデータを引っ張り出してきたのです。
　その対決やいかに？（→　解説は092ページにて）

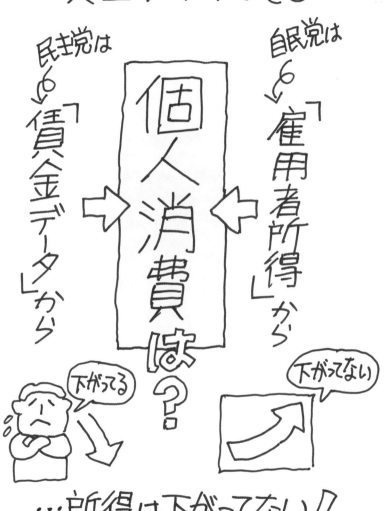

経済ニュースの これホント、ウソ？ 13

実質賃金が上昇すれば、生活の豊かさレベルは上がる?

POINT!
「時間」という要素を忘れない

「失業率や雇用者増加数のデータだけで、雇用状況を判断できるわけはないじゃありませんか……」。
2014年1月に米ＦＲＢ議長に赴任したジャネット・イエレン氏は、就任早々こんな感懐を周囲に漏らしたに違いありません。

➡「失業率」と「雇用者数の増減」だけでは景況判断できない！

　米国中央銀行にあたるＦＲＢ（連邦準備理事会）の議長を5年間務めたジャネット・イエレン氏。彼女が議長に就任する前の議長だったバーナンキ氏が掲げていたのが、「失業率が6.5％に達した時点を金融緩和政策から脱却するメドとする」という政策目標でした。

　「6.5％まで失業率が下がれば、それは米国景気の足腰が強くなってきたということなので、大々的な金融緩和政策をやめてもいい」——そんな、公式的なコメントを出していたのです。

　イエレン氏がその後明らかにしたいろいろなコメントを読んでみると、多分就任早々、こうした単純な政策目標に違和感を表明したはずです。

　6.5％という水準は一応のメドとはいえ、失業率だけを指標にして金融政策の舵取りを行うなんて、とても乱暴だという思いがあったはずなのです。

　イエレン氏は、「失業率」や株式マーケットで注目度が高い「雇用者数の増減」データ以外に、「正社員を希望しているが叶えられずパートに甘んじている労働者の増減」「就労の困難さに直面し、就労活動をあきらめた人の数、長期失業者の数」などに加え、「時間当たりの賃金」といった指標をも見て、総合的に雇用状況を判断すべきだとの考えの持ち主だったのです。

　当たり前といえば当たり前ですね。これはわが国にも当てはまることです。（→解説は132ページにて）

第1章 経済ニュースのこれホント、ウソ？

経済ニュースの
これホント、ウソ？ **14**

POINT!
言葉の定義を
はっきりさせる

老齢年金額は
現役世代の50％が
メド？

「所得代替率が50％って政府は説明していたけれど、実際に老齢年金を受け取ってみれば、現役時代の稼ぎの40数％でしかないじゃないか！ 50％という数字はいったい、何だったんだ。インチキじゃないのか！」——こんな事になりそうです。

➡これ、信じられない！　言葉の定義をはっきりさせる

　わが国の経済社会にとって、今最も重要なテーマのひとつが、年金財政です。
　つまり、少子高齢化がさらに進行することで、現役世代の負担でどこまで高齢者の年金資金を拠出できるか、ということ。
　このテーマの中心になる概念が、「現役時代に稼いでいた所得に対し、リタイアした後、老齢年金をどの程度受け取れるか？」です。
　現在の年金財政は、「自分が積み立てたお金が運用されて将来受け取れる」という仕組みではなく、「現在働き盛りの人たちが働いて得た所得から拠出した保険料が、老齢者に年金保険金として支払われる」という賦課方式によっているためです。
　年金財政をつかさどる側から言うと「老齢年金受給額÷現役世代の所得額」の割合をどの程度に想定するか、がとても重要な政策課題です。
　この比率＝メドを設定しなければ、年金保険料率を決めることができません。
　では現在、どのようにこのメドが示されているのでしょうか？
　それが「所得代替率」という数字です。
　ところが、この「所得代替率」の計算式は、私たちの常識からはにわかに信じられないものだったのです……。
　詳しい解説は158ページにて。

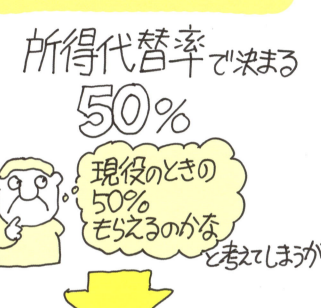

経済ニュースのこれホント、ウソ？ 15

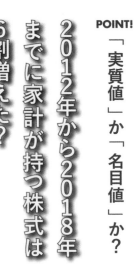

POINT!
「実質値」か「名目値」か？
2012年から2018年までに家計が持つ株式は6割増えた？

アベノミクスが始まってから、家計が持っている上場株式は62兆円から97兆円に増えた——ということになっています。
なんと、6割増！
しかし、この間に平均株価は2倍になっているんです。それを差し引けば、実質的には家計の株式保有は減っていることに⁉

➡アベノミクス期間中に、個人の実質的株式保有高は減少

　どうも家計の懐具合についての世の中の議論は、「賃金」に偏っているように思います。
　アベノミクスの政策を評するときにもそんな傾向があります。
　しかし、私たちの経済的な豊かさは、賃金だけで決まるわけではありません。どれだけの金融資産を持っているかもとても大事なことです。
　たとえて言えば、「年収200万円だけれど、先祖から受け継いだ田畑、山林、そして賃貸用の住宅を3億円相当持っている」家計と、「年収800万円だけれど、資産は貯金が200万円だけ」という家計を比べてみればわかるでしょう。
　ひとまず経済的には、前者のほうが豊かだと言っていいでしょう。
　このように、私たちの経済的豊かさを決めるのは賃金だけではなく、金融資産をどれだけ持つかにも大いに左右されます。
　さらには、マクロレベルで、個人消費がどれだけ活発であるかを見るうえでも、家計の金融資産残高のデータはとても重要な要素です。
　では、金融資産残高に目を向けると何が見えてくるのか？
　実は、アベノミクス期間中に個人が持っている株式の保有高は実質的にはドンドン減っていたのです——。
　その驚きの詳細は162ページにて。

Honto Uso?

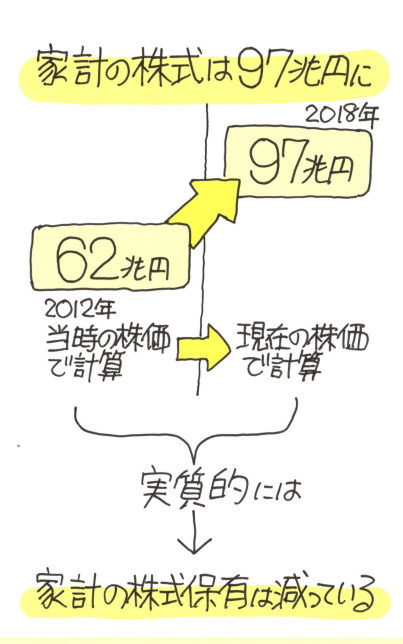

第1章 経済ニュースのこれホント、ウソ？

経済ニュースの これホント、ウソ？ 16

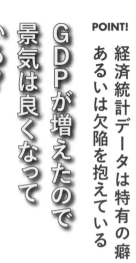

POINT!
経済統計データは特有の癖あるいは欠陥を抱えている
GDPが増えたので景気は良くなっている？

GDPが伸びたからといっても、その中身は、企業の在庫が増えて、輸入が減ったのが原因であれば、とても額面どおりに評価はできません。
それどころか、むしろ景気はマイナスだと読んだほうがいいくらいです。

➡ GDPの表面的な数値はそのまま鵜呑みにできない

冒頭に掲げたように、GDP統計にケンカを売りたくなるようなことは決して少なくありません。
ちょっとしたGDPの読み方がわかっている人であれば容易に気づくことです。
数値が好転したのに、景気は悪化した可能性があるとは、どういうことでしょうか？
「GDPは必ずしも景気の実体を表さない」
もし、これが事実なら、私たちの世界観はちょっぴり崩れてしまいかねません。
多くの方は、景気あるいは経済成長率を一元的に把握できるのがGDP統計であると、信じ込んでおられるはずだからです。
米国の機関投資家へ「NY市場の株価予想において最も重視する経済指標は？」と尋ねたアンケートでは、「1位がGDP、2位が雇用者増加数」と言います。
しかし、専門家の間ではGDPの表面的な数値には、いくつかのダマシ（？）とでもいうべき要素が含まれていることは半ば常識です。
ですが、このことが正面切って報じられることはあまりありません。
そこで、110ページにてGDPの正しい読み方、いや裏読みの方法についての基本をお話ししたいと思います。

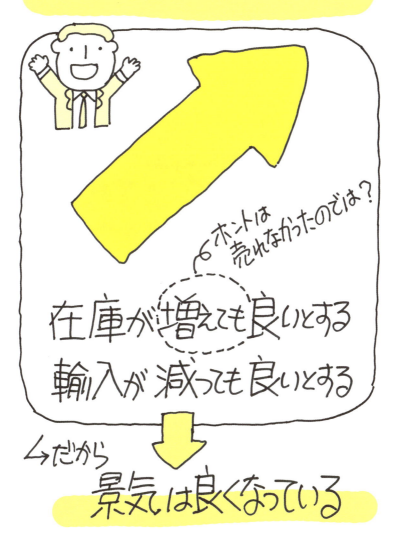

第1章 経済ニュースのこれホント、ウソ？

経済ニュースのこれホント、ウソ？ 17

「430万人も雇用者が増えた」と政府は自慢していますが、にもかかわらずGDPで見ても決して景気は良くなっていません。
「景気が良くなって仕事が増えた」から「求人が増え、失業者が減り、雇用者が増えた」のではなかったのでしょうか？

POINT!
雇用問題はミクロの視点から
雇用者が増えて、1人あたりの労働時間が減ったのだから国民生活は豊かになった？

➡ 出てくる良い統計数字の割には景気が良くなった実感が薄い？

「就業者が増え、失業者が減って失業率が下がる」「求人が増えて、求人倍率が下がる」——それはそれでいいのですが、それだけではダメです。

こんな表面上のデータだけを見ていても、わが国の労働市場の本質は見えてきません。なぜでしょう？

これだけ顕著に表向きの雇用関連データが改善しているのに、「景気が良くなった実感が薄い」ことに着目するのがポイントです。

多くのアンケート調査でも、景気の良さを実感している人の比率はせいぜい3割程度にとどまります。

GDP成長率で見ても、絶好調の雇用データと冴えない経済成長の間にはどんな問題があるのでしょうか？

それを解くカギは、「完全失業率」と「有効求人倍率」そして「雇用者数」というデータに決定的に欠けている要素がある——というところにあります。

いずれの統計データも、「週2シフトのコンビニのアルバイト君」と「48歳の上場企業の部長氏」が同じ「就業者1人」とカウントされ、さらには「労働時間」という概念がまったく抜け落ちています。

これらの要素を考慮しないではじき出されたデータは、現実の経済社会を正しく反映しません。これだけでは、雇用を巡る本質は見えてこないのです。

どうすればいいでしょうか？　（→　114ページにて）

Honto Uso?

430万人も雇用者が増えた
↓
1人当たり労働時間が減った

だから
国民生活は豊かになった

増えたのはコンビニのパート・アルバイト
私は残業も減って豊かさ感じない…

雇用者は企業の部長も(コンビニの)バイトも(カウントは)1人

第1章 経済ニュースのこれホント、ウソ？

経済ニュースの
これホント、ウソ？ **18**

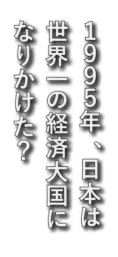

POINT!
国際経済は為替相場しだい
1995年、日本は世界一の経済大国になりかけた？

実は昔、瞬間的ではありますが、日本は米国を抜いて世界一の経済大国になりかけたことがあるのです。
1995年のことです。
あと十数円円高になっていれば、『世界一の経済大国日本』になっていたのです。国際経済は、為替相場しだいなのです。

➡これホント。為替相場しだいで各国ランキングはカンタンにひっくり返る

　1990年代半ば、円高が進んでいた頃です。為替関係者の間でまじめに論じられていた、ある意見がありました。
　それは、「円高がどんなに進んでも1ドル＝67円で頭を打つ」というものでした。
　なぜか？　その根拠とされたのが、「それ以上の円高になると、日本が世界一の経済大国（経済規模）になってしまう」というもので、「それを戦勝国である米国が許すわけはない」というわけです。
　もちろんここで言う「経済規模」というのは、「1年間にその国で行われたあらゆる経済活動を通じて新たに生み出された経済的な価値」である"GDP"です。
　「確かに、その頃には三菱地所が経済大国アメリカの威信を象徴するロックフェラービルを丸ごと買い取って、世界をびっくりさせたことがあったね」
　「そういえばあの頃、東京の山手線内の土地を全部売ればアメリカの全土が買える、などという荒唐無稽な話がまことしやかにされていたな」
　――と、思い出される年配の方もいらっしゃると思います。
　異なった通貨で行われている経済の実体を比較する場合、為替相場いかんでその大小関係も変動しますし、順位も簡単に入れ替わるのです。
　これが表面的な比較だけにとどまるのならともかく、それにより、モノゴトの本質を見る目が変わってくるのだとしたら、これは一大事です。（→　078ページにて）

Honto Uso?

1995年には

JAPAN as NUMBER ONE!

一になりかけた。

（GDPは為替相場しだい！）

⬇

ーでは2019年の今は？

第1章　経済ニュースのこれホント、ウソ？

経済ニュースの
これホント、ウソ？ **19**

POINT!
過去にさかのぼって見てみる

物価を上げれば、景気は良くなる？

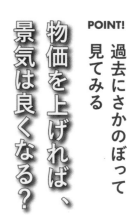

いまだに日銀は、「物価を年2％程度上げる」という目標にこだわっていますが、実際には1％にも満たないという状況です。
でも、私たちの経験から言うと、物価が上がっているときにはむしろ景気が悪かったような気がするのですが……。本当に物価を上げると景気は良くなるのでしょうか？

➡「物価を上げて景気を良くする」作戦に、落とし穴はないの？

　アベノミクスの最大のテーマは「デフレ経済からの脱却」です。ではデフレって一体何？　改めてこう問われると「物価が下がるという現象でしょ」という方と「いや、景気が悪いってことでしょ」という2派に分かれるように思います。
　実際、デフレという言葉には二重の意味があります。
　1つは、物価の持続的な下落という元来の意味です。2つ目には経済活動の収縮です。平たく言えば「景気が悪い」ということです。
　「デフレ経済からの脱却」——ここで言うデフレとは、物価だけのことを指しているのではありません。物価を上げることはむしろ手段であり、それを通じて景気を良くすることが最終目標なのです。
　そのために、アベノミクスでは「インフレ期待」という概念がキーワードとして用いられます。「人々のインフレ期待に働きかける」と言います。人々が物価が上がると思えば活発な消費、設備投資が行われるであろう。そうすれば企業は生産を拡大するだろう。企業は儲かり、賃金が上がり、株が上がり、株で儲けた人はさらに高級品を買うようになり、将来への希望が持てるようになり……という好ましいスパイラルを作り出そうというのです。
　さて、ここで考えるべきことは「物価が上がれば、景気は良くなるの？」です。そこには落とし穴はないのでしょうか？　過去にさかのぼってみると、本当に物価が上昇しているときには景気は良かったのでしょうか？（→　082ページにて）

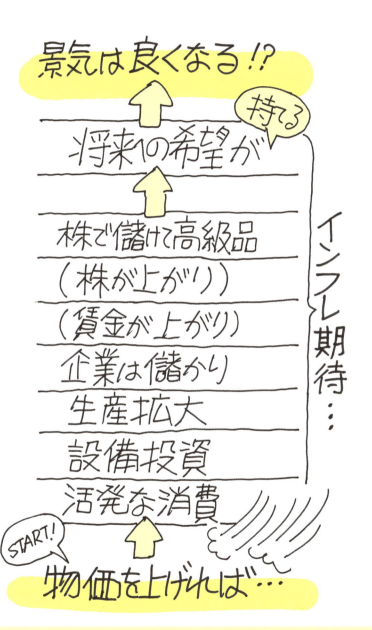

経済ニュースの
これホント、ウソ？ **20**

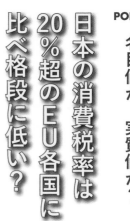

POINT!

名目値か、実質値か？

日本の消費税率は20％超のEU各国に比べ格段に低い？

「わが国の消費税は、まだまだ引き上げられる」という意見を良く聞きます。でも、それは間違ったデータに基づいているのです。
「EUなどでは20％、あるいはそれ以上は当たり前」と言いますが、この数値は名目のデータで、軽減税率を含めた実質の付加価値税率はせいぜい10％くらいなのです！

➡EU各国の"実質的な"消費税率は驚くほど低い

　言葉の定義をわざと曖昧にしたままでの主張、意見が多く見られます。あるいは、明らかに印象操作を行う意図で持ち出されるデータがままあります。

　わが国で、消費税率を5％から8％へ引き上げるときに良く聞かれたのが、「日本の消費税率はまだ諸外国に比べて低い」というものでした。

　「だから、まだ上げ余地がある！」というわけです。

　私事で恐縮なのですが、数年前のこと、市川市民まつりの会場で、税理士連合会（だったと思います）のブースでアンケートに答えてもらったクリアファイルが「世界の付加価値税率」（！）という図柄だったのを覚えています。

　EU各国の地図の上には、20％とか、25％という数字が踊っており、かたや日本の脇には8％とありました。問わず語りに、「ほら、日本はまだ低いでしょ」と言わんばかりの世界地図でした。

　おそらく、財務省→国税局→全国の税理士連合会というように、示達（要求？）があったのでしょう。「啓蒙の一環としてこんな資料を配布してくれ」と。あるいは、連合会が忖度したのでしょうか？

　これを頭から信じたらまずい。

　実は、EU各国ではとても広い範囲の品目に軽減税率が適用されており、それを考慮した実質（実効）税率は皆さんが驚くほど低いのです。

　では、その詳細について166ページにて見ていくことにしましょう。

Honto Uso?

日本の消費税率は

世界に比べて格段に低い

5 → 8 → まもなく 10%

EUでは 20%

と言うけれど

軽減税率　非課税

で…

実は日本は低くない！

第1章　経済ニュースのこれホント、ウソ？

経済ニュースの
これホント、ウソ？ 21

POINT！
常識を常に疑う

円高で日本株安、円安で日本株高？

いまだに、「円高を受け、日経平均が下がった」といったニュースが目につきますが、ていねいにその動きを見てみると、以前ほど連動しなくなってきたことに気づきます。
特に、2017年以降はそうです。円高になっても株は下がらず、円安でも上がりもせず——今までの常識が変わりつつあります。

➡ 産業構造の激変で、かつての常識が通用しない時代に

　株式投資を始めた方がマーケットの読み方について最初に習うことの1つが、「円高で株安」であり「円安で株高」です。
　もちろん、「わが国の景気ならびに平均的な株価は、大企業のメーカーが支えており、その多くは輸出で稼ぐ。円安になれば売上代金は膨れ上がり、業績は上向き、株価は上がる」というのがその理由です。
　「1ドル＝100円から200円になれば、1万ドルの車の売上代金は100万円から200万円に増える」というわけです。多くの教科書もそう教えます。
　円高になれば、これとは逆にほぼ自動的に売り上げは減る。実際、経験的にも為替と株価はおおよそこんな関係で動いてきました。
　このため、「とにかく日本が元気になるためには、円安で株高を促すことが必要」と主張する人も少なくありませんでした。
　そのため、今でもこれが頭にこびりついている方も多いのではないかと思います。
　しかし、いまこの常識が大きく崩壊しようとしています。それどころか、すでに崩れつつあるのです。むしろこの"常識"にとらわれているとちょっとやばいかもしれません。
　その大きな理由は、「わが国の産業構造が知らない間に激変してきた」からです。
　では、どのように変わってきたのでしょうか？　176ページにて詳細に見ていくことにしましょう。

Honto Uso?

今までの常識では

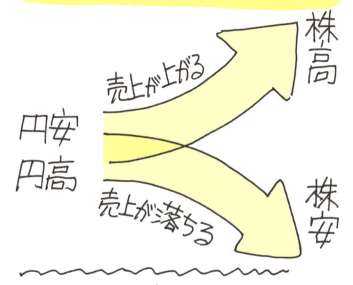

円安 → 売上が上がる → 株高
円高 → 売上が落ちる → 株安

輸入企業なら円高で支払いが減るから困らない。

現地生産時代の常識では…

第1章 経済ニュースのこれホント、ウソ?

経済ニュースの
これホント、ウソ？

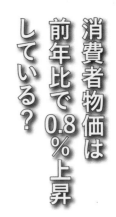

POINT!
あらためて言葉の定義を問う

消費者物価は前年比で0.8％上昇している？

私たちにとってもっともポピュラーな消費者物価指数。しかし代表的なものだけでも3つも4つもあることはあまり知られていません。エネルギーを含めるかどうか、みなし家賃を入れるかどうか？
こんなことで、ときによっては前年比の数値が1％以上異なることもあるのです。

➡「消費者物価指数」は、ポピュラーなのに問題だらけ！

　私たちにとってもっとも大事な経済データ、つまり生活に密着したデータといえばその代表が「物価」。

　個人の立場で言えば「消費者物価指数」です。さらに言えば、その「前年同月比」の伸び率、あるいは下落率。一般的なニュースで報じられるのがこのデータです。

　こんなポピュラーな消費者物価指数なのですが、このデータくらい、魑魅魍魎の世界はほかにはありません。

　2019年初頭、「毎月勤労統計」「実質賃金」「現金支給給与」などの政府統計への疑念が一気に吹き出しました。

　そのデータの算出に際し、意図的な操作が行われた疑いあり、となったのです。ほとんどのデータが、ことごとく政府にとり都合のいいデータに捻じ曲げられていました。このため、アベノミクスの政策効果を喧伝したい首相官邸の意向が働いたのではないか、と疑われたのです。

　しかし、ここでいう消費者物価指数の問題はそんなにわかりやすいものではありません。何しろ、異なる基準に基づきいくつもの指数が作成されているのです。

　「いくつもの基準」ということは、どれもがそれぞれ固有の弱点を抱えており、「これが絶対的な基準だ」とは言えないということです。

　多くの経済ニュースが素知らぬ顔で（？）当たり前のように報じている「消費者物価指数」って、いったい何なのでしょう？　（→　136ページにて）

Honto Uso?

改めて 消費者物価指数 は

異なる基準で
いくつもの指数 がつくられている。

⬇

実は…

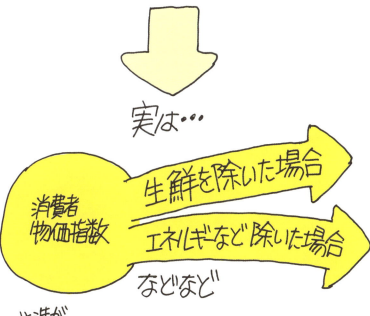

消費者物価指数

生鮮を除いた場合

エネルギーなど除いた場合

などなど

基準が **4つもあるのです！**

第1章 経済ニュースのこれホント、ウソ？

経済ニュースの
これホント、ウソ？ **23**

POINT!
実態から乖離し始めた
データに注意

消費者物価指数は
1％以下の上昇だから、
物価は上がっていない？

なんだか以前に比べて、政府発表の「消費者物価指数」の数値が生活実感から遠いような気がしませんか？
1％以下の上昇ということになっているけど、少なくとも3〜5％くらいは上がっているイメージですよね。

➡現実の動きからどんどんずれ始めている「消費者物価指数」

　政府統計データのひどい有り様について関心を呼び起こされた2019年初頭——まず疑念のやり玉にあがったのが、GDP統計の最大のシェアを占める家計消費に重大な影響を与える基礎統計である「毎月勤労統計調査」でした。

　その主な論点は、「ルールに反したズサンプリング調査を行っていた」「途中で修正したために賃金の上昇率が不当に高く示された」といったものでした。

　あるいは、「アベノミクス効果を喧伝したい官邸に配慮して実態より高く見せたのではないか」といったものでした。

　しかし、せっかく多くの国民に経済統計データのあり方を知ってもらう機会だったのですから、より本質的なレベルで、日本の経済統計データの現況を知ってもらうべきだったと私は思うのです。社会面の記事としてではなく、経済解説面で詳しく報じてもらいたかったと思うのです。

　たとえば、もっとも私たちの生活に近い「消費者物価指数」。これが、グローバル経済の進展、さらにはデジタル技術の急展開も手伝って、データがどんどん現実の動きからずれ始めているのです。

　なかには古くから指摘されていた点も少なくありませんが、経済構造が大きく変化してきたことに伴って現実からずれてきた面も多々あります。

　さて、今の「消費者物価指数」にはどのような問題があるのでしょうか？
　140ページにて詳しく見ていくことにしましょう。

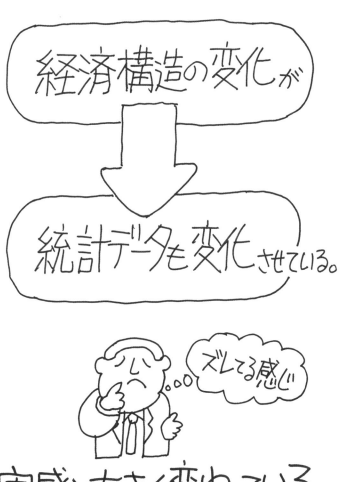

経済ニュースの これホント、ウソ？ 24

POINT!
お金を供給するだけでは
もう物価は上がらない
金融緩和で通貨供給
を増やせばデフレから
脱却できる？

「もう今は、物価が上がると思っても買い急ぐことはしないよ。あきらめるか、もしくはもっと安いもので間に合わせる。あるいはメルカリやヤフオク、最近ではジモティなんかでだいたい間に合うわね」——という庶民の声が聞こえてきます。

➡ 約束を守れなかった日銀。もう今までの手法だけでは通用しない

　日銀がどれだけマネーをばらまこうと、そして金利を下げようと、物価はほとんど動いてくれませんでした。もっとも、「インフレ率が安定的に2％」になんかなっていたら、一般国民の生活はもっと大変だったかもしれません。

　2013年4月に日銀が宣言したとおり、2年後の2015年以降コンスタントに2％上昇していれば、物価は今（2019年）より少なくとも6〜7％は高かったはずです。つまり、消費税が8％ではなく、15％になっていたようなものです。とてもじゃないが、多くの消費者＝生活者＝は耐えられません。

　日銀が「2％インフレ目標」というのは一種の約束。コミットメント。約束が達成されなければ、その理由をきちんと説明する義務があります。

　それくらい日銀には「お金を大量に供給すれば物価は上がる」という信念があったのです。しかし、4年経っても5年経っても、1％にも届きませんでした。

　当時の副総裁の1人が「もし2％のインフレが実現しなければ、私は職を辞す」とまで言ったのです。にもかかわらず、2年後になっても、いえ3、4、5年後になっても実現しませんでした。さて、その副総裁は……そう、途中で辞任することはなくきちんと職をまっとうしたのです。

　今、相当の金融緩和・金利引き下げによっても物価が上がらない時代になってきたのです。これまでの絶対的な常識が通用しなくなってきたのです。

　それはなぜなのでしょうか？　（→　180ページにて）

Honto Uso?

2％のインフレ目標
（日銀のつもり）

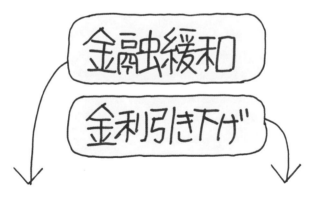

第1章 経済ニュースのこれホント、ウソ？

経済ニュースの これホント、ウソ？ 25

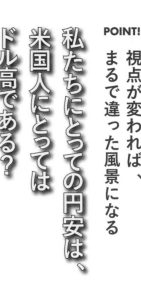

POINT!
視点が変われば、まるで違った風景になる
私たちにとっての円安は、米国人にとってはドル高である?

「1ドル＝110円から112円になった」――これを私たちは円安になったと見ます。
しかし、米国人は必ずしもドル高になったとは見ていないのです。
なぜなら、私たちは円の高安をドル基準で見ていますが、米国人は自国通貨であるドルの価値を円基準では見ていないからです。

➡ 米国人は米ドルの価値をどう測っている？

　私たちは、円安・ドル高がどんどん進んでいるとき、「米国の輸出環境は悪化しているんだろうな」と思いがちです。
　でもこんな思いは、米国にとってみれば勝手なお世話。
　私たちが「円相場」という場合、間違いなく「対米ドル」を前提にしています。しかし、米国人にとっての「ドル相場」は決して「対日本円」ではありません。
　対ドルで円安になったからといって、米国人は直ちに「ドルの価値が上がった」とは見ていないのです。何しろ"世界の基軸通貨"米ドルなのですから。
　たいていの国では、自国通貨の価値を測るには「対米ドル」が尺度です。しかし、米国人は自国通貨の価値を測るのに、そんな絶対的な価値尺度を持っていません。自らの通貨が尺度そのものなのですから。
　これがわかっていなければ、米国の貿易政策は見えてきません。さらに言えば、日米の貿易問題は読めません。どういうことでしょうか？
　たとえば、2012年から2014年にかけて急速な円安が進んだのにもかかわらず、米国からははっきりした形で「円安は困る」とのクレームはつきませんでした。
　この間、米ドルは円に対しては上がったのですが、それ以外のほとんどの通貨に対してはむしろ下げていたのです。つまり、全体としてみれば、米国の輸出環境は悪化していたわけではないのです。
　では、このことについて詳細に086ページにて見ていくことにしましょう。

第1章 経済ニュースのこれホント、ウソ？

経済ニュースの
これホント、ウソ? **26**

POINT!
データは昔の常識を疑い始めた
利下げは景気を回復させる？

「金利を下げれば、景気は良くなる」——経済の絶対的な常識、と思われています。
でも、これはちょっとおかしい。
なぜなら、お金を貸す側の事情をまったく考えていないのですから。
貸す側から見れば、もらえる利息が減るのでうれしくないですよね。

➡ 教科書では「金利を下げれば、景気が良くなり、物価は上がる」ですが……

「金利を下げれば物価が上がる——これは正しいでしょうか？」

このような問題を出題、あるいはセミナーの席上で質問することがあります。金利と物価の関係と言えば、金融政策の基本。むろん想定している答えは「○」です。

しかし、最近になって「×」と答え、次のように説明する方が増えてきているのです。

「金利を下げると預金や債券の金利も下がる。つまり家計の利子所得が減る。使えるお金が減ればものを買わない。消費が減れば物価は下がる」——と。

そう、実に全体の２割くらいの方がこんなふうに答えられるのです。

この解答を前に、私は頭を抱えるのです。「さて、どうしよう？？」

もちろん、教科書的には「利下げは物価を引き上げる」が正解です。

多くの教科書が言うように、「利下げで企業の借入コストが下がれば、資金需要が増え、設備投資、研究開発投資が増え、物価は上がるとともに景気浮揚効果を持つ」という理屈です。

しかし、最近になり、「金利を下げることは、景気にとってマイナスではないか？」との考え方が急浮上しているのです。

なぜか？ それは20年前、30年前比でデータを観察してみれば、ある意味合点がいくのです。

では、184ページにて詳しく見ていくことにしましょう。

第1章　経済ニュースのこれホント、ウソ？

経済ニュースの これホント、ウソ？ 27

POINT!
低金利時代の長期化

いくら金利が低くても、預貯金は減らないのだから安全？

原油価格の急騰だとか消費税率の引上げで、インフレ率が急上昇するとき以外は、預貯金はほとんど目減りしませんでした。
しかし、これからは預貯金に置いておくだけだと、実質価値はドンドン下がっていく……そんな時代が長期にわたって続くのかもしれません……。

➡ 預貯金の実質的な価値は、目減りし続ける可能性大

多くの人はなんとなく、「預貯金はインフレに弱い」と思い込んでいます。理由は2つあります。

1つは、証券会社、投信会社、商品先物会社、不動産業界が「預貯金を持っているとインフレに負ける」と言い続けてきたことです。

もちろんその裏には、株式や投信あるいは金などを扱う会社が、これらの商品を売ろうとする思惑が働いています。

2つ目には、同じインフレと言っても、「不動産インフレ」には預貯金は弱かったことは事実だからです。

しかし、預貯金金利とインフレ率（消費者物価上昇率）を同じグラフに描いてみると、ほとんどの時期で、インフレ率よりも預貯金金利が高かったことは明らかです。

実際、私は幾度もこの事実を示したうえで、消費者物価を想定する限り、預貯金で最低限のインフレヘッジは可能だ、と述べてきました。

しかしどうやら、これからしばらくは、預貯金のインフレヘッジ機能には期待できず、預貯金の実質的な価値が目減りし続けることは避けられないようです。

なぜなら、現在の日銀による低金利政策は相当長期にわたって続くと考えられるからです。

では、その詳細について188ページにて見ていくことにしましょう。

第1章　経済ニュースのこれホント、ウソ？

COLUMN
01

＜グラフトリック その1＞
左右の目盛りの違いを見破る

　これ以降の各章末では、グラフで人々の印象を操作するときに使われるトリックの代表的な例をご紹介していきます。
　さて、下のグラフに以下のコメントがついていたとします。
「同じ新興国でも、ブラジルよりも南アフリカ共和国のほうが政治・経済情勢は不安定だ。このため、後者のほうが一般に変動率が大きい。2016年半ばまでの下落率が大きかっただけに、その後2017年の戻しは速い」。
　でも、良く見ると左右の目盛りの設定がまるで違っています。これでは、見た目の変化率をそのまま信じることはできません。
　ちなみに、矢印の時点から直近までの上昇率は、ブラジルレアルが21％だったのに対し、南アランドは15％に過ぎません。
　これは、初歩的なレベルで使われるトリックの1つです。

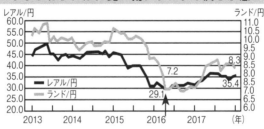
ブラジルレアルに比べ南アランドの戻しが急

Point of view

第 2 章

視点を変えれば見えてくる

ドローンを使った今までに見たことがない視点からの映像は、見慣れたはずの景色をまったく違うものに変えてくれます。同じように、経済数字も違う角度や距離で見てみると……!?

---

01 | 原因はそれだけですか？

「金融緩和の点数はA、財政はB、成長戦略はE」＝ABE（あべ）！？

　政府は常に自らの政策が効果を挙げた、と言いたがるもの。いや、これは政府に限りませんね。人間の業です。
　さて、最初にちょっとおさらいです。
　安倍首相は2012年末に自身2回目の政権の座につくに際して、今も「アベノミクス」と呼ばれる政策パッケージを携えて登場しました。必ずしもはかばかしくなかったそれまで3年にわたる民主党政権を引き継いだのです。
　「アベノミクス」は以下の「3本の矢」からなっていました。

①大胆な金融政策
②機動的な財政運営
③民間投資を喚起する成長戦略

　しかし、その後の成り行きを見る限り、②は初年度こそ積極財政で公共投資が行われたものの、その後は尻切れトンボ、③は民間業界に課しているさまざまな規制を緩和して産業活動を刺激するというのが趣旨ですが、これも事実上ほとんど機能していません。
　衆目の見るところ、実際にある程度の効果があったのは①の金融政策だけです。
　これは、日銀が過去に例を見ない大量の資金を民間に供給することで、金利を引下げる一方、物価を引上げ、デフレ経済からの脱却を図ろうとするものでした。もちろん同時に円安を誘導し、わが国の輸出を促進することも狙いでした。
　すでに2014年頃、ある高名な経済学者が以上の3つの政策の実施状況を評して「ABE（あべ）だね」と言ったという笑い話が伝わっています。
　そのココロは、**「金融緩和の点数は A、財政は B、成長戦略は E」**。
　「なぜEか」と問われた彼は、「本当は落第点のFにしたいけど、これだと担当教授の教え方が悪かったとなる。それで合格ぎりぎりのEだ」と。いかにも大学の先生らしい発想です。
　こんな茶々が入るくらい、①の金融政策におんぶにだっこのアベノミクスだったということです。

ところで、安倍総理による「ここまで株高が進んだじゃないか」という主張は、一見するととてもわかりやすいです。

「だって、第二次安倍政権が誕生する頃からドンドン上がり始めたんだから」「時期的にも合致する」と納得する方も多いと思います。

「アベノミクスで株が上がった」という主張は、言うまでもなく「株高」が結果で「アベノミクス」が原因だ、という前提に立っています。

これを聞けば、「アベノミクスが始まった2012年末以降、確かに株高が進んでいるので因果関係がある」と考えたくなります。

しかし、ここには経済データを読むうえで、ともすれば陥りがちな盲点があるのです。

日本株高はアベノミクスの効果なのか?

経済データを見るうえでもっとも重要なテーマが因果関係です。

そして、私たちはどこかで因果関係を見つけたがっています。因果関係を見つけると安心するからです。

原因がわからないという状態に置かれているのは不安です。

「アベノミクス」=「株高」と聞けば、それらの間に因果関係を認めたくなります。

しかし、ちょっと待ってください!

同時にこの時期には、米国の株式も急激に上昇しているのです!

私たちは朝のテレビで「昨日のニューヨークダウは、米国景気の回復を示すいくつかの経済データの発表を受けて上げ幅を拡大……」といったニュースを目にすると、その途端に「ああ、今日朝一番で日経平均株価も上げるだろうな」と反応しているはずです。

ということは、日本の株が上がったことも、米国株の上げから影響を受けた可能性が高い。

つまり「アベノミクス(原因)」⇒「日本株高(結果)」という因果関係も否定はできないものの、それ以外に「世界経済回復」が大本にあり、それが「米国株高」と「日本株高」をもたらしたのではないのか? そう考えるのが自然です。

さらには、米国株と日本株との関係から言うと、「米国株式高」が「日本株高」を促した可能性が高いとイメージすることができます。

第2章 視点を変えれば見えてくる

◆図2-1

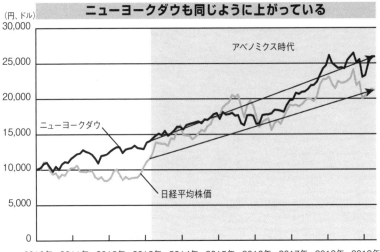

すでに米FRBは3回にわたり強力な金融緩和を実施

　ここでもう少していねいにこのグラフ（**図2-1**）を観察してみましょう。

　日本株が上げ始めたのは2012年6月。安倍政権誕生の半年前です。そして、それまでの2年間は下落しています。ところが、米国株式はすでに2010年半ばから上昇し始めていることがわかります。

　つまり、日本株が上げ始める2年も前から米国株は本格的な上昇局面に入っていたのです。

　理由のひとつは、米国の中央銀行であるFRB（連邦準備理事会）が安倍政権の誕生する以前に、すでに3波にもわたる大々的な金融緩和を行っていたことです。

　これによりばら撒かれた大量のマネーが米国株式市場に流入し、株価の上昇が始まっていたのです。

　そうすると日本株が割安になってきたため、外国人投資家が中心になって日本株への本格的な買いが入った、というわけです。

　とともに、2012年半ばからは、EU主要国の財政事情が好転してきたことから、世界景気回復への期待が芽生え始めていたこともあります。

　こんな時期に安倍首相が2度目の政権をスタートさせることになったのです。第二次安倍政権は、ある意味でとてもラッキーな船出だったのです。

　ということで、**時代背景に目をつぶって政策効果を主張するのはミスリード（誤った解釈に誘導すること）だ**、ということです。

　2014年10月からは、日本銀行がETFという上場株式投信の買い入れ額を大幅に引き上げています。

　また同時に、世界最大級の年金資金であるGPIF（年金積立金管理運用独立行政法人）という、私たちが拠出した年金保険料を管理・運用する機関の株式購入メドを大幅に引き上げさせて大量に日本株を買わせる、といった露骨な株価の引上げ政策をとっています。

　このことが日本株の上昇を促進したのですが、「日銀やGPIFが買ったから株が上がった」とは安倍首相は言えません。

　なぜなら、「それは、事実上の株価てこ入れという一種の操作ではないか」という批判を浴びることは間違いないからです。

02 | データの対象期間は適切か？

安倍政権になってから失業率が低下したわけではない

いきなり私事で恐縮なのですが、今でも覚えている30数年前のちょっとしたエピソードがあります。

昔、新聞記者をしていたときに大いに世話になったのが、大手N証券の系列である総合研究所の知人N氏。彼は債券の数理的な側面に詳しかった。
彼があるときにふと漏らした言葉をまだ覚えています。「僕たちのレポート（調査資料）では、どの期間のデータを取り上げれば主張したいことが通るかはとても大事なテーマ」「期間のとり方いかんでは見た人の印象がまるきり違ったものになるから」というものでした。
その当時、彼らの仕事の大半は、親会社であるN証券会社の営業支援のための各種レポート作成でした。売上げのほとんどが親会社に依存していたのです。
ということは、特に債券のセールスを支援するような、つまりはこれから債券相場は上がるよ、と印象付けるような各種資料を作成することが求められていたわけです。
私たちが一般に見聞きする経済分析の多くは、銀行、証券会社系の研究所、シンクタンクのスタッフの手になるものです。そして私たちがともすれば忘れがちなのが、彼らのレポートの多くは原則として、本社の業務の支援材料となることを目的としているということです。最近はかつてほどではありませんが、やはり営業支援のにおいは残っています。
これからドル建て債券で運用する投資信託を積極的に販売しようとする時期に、自社系列のシンクタンクから「ドル安の公算が高い」といったレポートを大々的に発表するわけにはいきません。また、一般論として証券会社は、常に株価の見通しについては株を売りやすいように、強気の見方を披露することが多いものです。
このように、自分たちの営業戦略を最優先するという目的のために、将来の経済、金融、マーケットの見通しにはバイアス（偏向）がかかることが多いのです。こうした目的に基づいて主張される見解を**「ポジショントーク」**と呼びます。

経済データがグラフ等で示されたときには、そのデータの切り口、とりわけ「対

◆図2-2-1

出所：厚生労働省

象期間は適切であるかどうか」という視点はとても重要です。

しかし、「私が政権を担当してから4.1％の失業率が2.3％になった」と言われたときに「その期間の切り取り方はフェアか？」とは、なかなか瞬時には反応できないものです。

データは、自分に都合のいいところだけを取り出すことで読み手の印象を左右できます。「ほら、どうだい」と"ドヤ顔"ができるのです。

図2-2-1を見ていただければ、事情は簡単にわかります。

失業率が下がり始めたのは2009年も半ばから、つまりアベノミクスが始まる3年半も前から一貫して下落しているのです。

しかも、大事なのはその低下ピッチ（傾き）。安倍政権以降もほとんど同じなのです。

つまり、安倍政権になってその改善ピッチが加速したわけではないということです。

であれば、「安倍政権のもとで失業率が低下した」という認識自体は正しくても、**「安倍政権になってから失業率が低下した」わけではない**と見なければなりません。これだと「どうだい！」とは言えないですよね。

◆図2-2-2

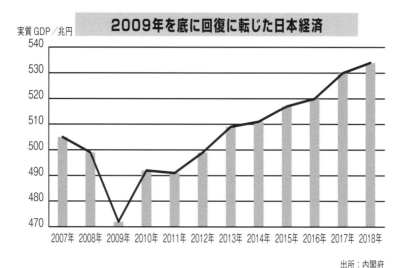

都合のいい時期・期間だけを見せていないか？

　では2009年から失業率が一気に下がり始めたウラには、どんな背景があったのか？

　まず簡単に読み取れるのは、2008年後半から失業率が急速に悪化したことの反動が起きていること。

　経済を見る場合の原則の1つは「循環」です。

　つまり、悪化と回復を繰り返しているのです。

　これは、株式等の相場でもそうです。あまりにも急激に悪化した後は、ほぼ例外なく好転します。これがこの時期です。

　その意味では、2009年からの失業率低下についても、民主党政権の政策効果であるとは言えません。

　2009年と言えば、2008年のリーマンショック（※）の翌年。つまり、50年に一度と評された世界的な金融危機の直後にあたります。

　世界経済がリーマンショックから立ち直る過程でわが国の景気も底を打ち、すでに失業率も改善に向かっていたのです。

人口構成の変化が失業率改善を後押し

さらにアベノミクス以降も失業率が改善した背景には、人口構成の変化がありました。1947〜1949年生まれの団塊の世代が一挙に65歳を越え、現役世代から外れたのです。

55〜60歳だと何らかの理由で職を離れても求職活動を行います。ですので、失業者としてカウントされます。しかし、65歳以上になると求職活動する人は限られます。つまり、全体から見れば失業者が減るため、失業率は下がります。

2つ目は、人口の高齢化で医療・福祉・介護分野の仕事が急拡大したことです。これらはいずれも人手に頼らざるを得ない業務（労働集約型）であるとともに、パート・アルバイトの比率が高い。つまり、フルタイムでは働けないが、パートなら可能という人たちが職を得たのです。

以上の人口構成の変化ならびにそれに伴う医療・福祉・介護分野での仕事の拡大は、いずれもアベノミクスの政策とはほとんど関係ありません。

一般に政権の座についた者は、景気の良さを示すデータを意図的に取り上げ、それが自らの政策効果であることを主張しようと、常に待ち構えているものです。これは政府・与党としては当然のことです。手柄話をしたいのです。

自分の手柄であることを印象づけるためのもっとも簡単な方法が、「期間を恣意的に切り取る」という方法です。

経済データを読むときには、「この期間は恣意的に切り取られているのではないか？」「その前後のデータをチェックする必要はないか？」——これを忘れてはなりません。

※ リーマンショック：2008年9月に米国で有数の投資銀行であるリーマン・ブラザーズが破綻し、世界規模での金融、経済危機が発生しました。米国の政策金利が引き上げられたことがきっかけになって不動産バブルが崩壊。このため、金融機関の貸出し債権（ローン）が一挙に不良化したことが直接の原因でした。

その背景には、不動産価格の上昇を信じて、米国の銀行が低所得者へ大量の住宅ローンを貸し付けていたという動きがあったのです。まるでわが国が1990年代に直面した不動産バブルが再現したかのような有様だったのです。

第2章　視点を変えれば見えてくる

03 | 為替相場しだいで容易に逆転する各国比較

世界一の経済大国になりかけた日本

そもそも国際比較をするときには、同じ通貨に換算してみなければ比較しようがありません。そこで多くの場合は、米ドル建てで各国比較を行います。

古くは、1968年に日本がドイツを抜いて世界2位の経済大国になったというのも、2010年には逆に中国に抜かれて3位に後退したというのもそれです。

ということは、円基準で見た日本のGDPの額が変わらなくても、為替相場が動くだけで、その位置関係は簡単に変わる。もちろん、場合によっては逆転することもあります。

1995年には、日本の経済規模＝GDPは米国の9割を超え、すんでのところで米国を抜く寸前まで行ったのです。つまり、**一瞬ではありますが「日本は世界一の経済大国」**になりかけたことがあったのです。

2010年に中国に抜かれ、いまや経済規模では世界第3位に転落してしまったわが日本。それどころか、中国に抜かれてからもドンドンその差は広がる一方。

今では、世界全体のGDPに占める日本のシェアは7％にまで落ちてしまった。ほんの10年前に日本を抜いた中国の世界シェアはすでに15％、ダントツのトップ

◆図2-3-1

に君臨する米国は25％です。

各国の経済規模は「米ドル」換算で比較する

1995年の米国のGDPは7.64兆ドルだったのに対し、日本のGDPは513兆円でした。つまり、もし1ドル＝67円になると、ドルベースでは「米国7.64兆ドルVS日本7.65兆ドル」になり、日本が上回ってしまいます。

「さすがにそれを米国は許さないだろう」というのが大方の為替関係者の見方でした。そして実際、その水準まで円高になることはなかったのです。

あとちょっとのところで世界一を逃してしまったのです。

実はこのたわいのない話の中に、経済データを正しく読むためのとても大事な視点が隠れているのです。

おわかりでしょうか？

ここでは日本と米国のGDPで測られた経済規模が「比べ」られています。さて、比べるときには何が必要でしょう？　そうです、「同じ土俵上で」というのが鉄則です。

さあ、ここまでくれば多くの方は「ハハン！」となったのではないでしょうか。

そう、同じ通貨建てで比べなければならないのです。

金額で示されるデータについて、世界各国間を比べるときには、世界の基軸通貨である「米ドル」に換算したうえで比較する、というのが標準なのです。

「日本は世界一のお金持ち」──その根拠も……

さてこれを踏まえれば、わが国の円が安定的な通貨とされる根拠の1つとなっている「わが国は世界一のお金持ち」というお話も、一般に使われているデータを妄信するのは「？？？」なのです。

『わが国は借金まみれの国なのに、なぜ世界経済が不安定になったり、地政学的リスクが高まると円が買われるの？』──こんな疑問に対しては、次のように説明されることが多いですね。

「日本の国は、国債の発行残高がすでに900兆円を超えるなど、1000兆円以上の

第2章　視点を変えれば見えてくる

借金を背負っているというが、実はこれは違う。『国』が負っている借金なのではなく、これは『政府』の負債。国は政府だけで成り立っているのではない。

むしろ、民間の法人企業、家計（個人）が中心となって経済は動いている。

こんな目で見れば『政府が負っている負債』よりも『政府、企業、家計』という国全体がどれだけ豊かであるかが問題だ。

そして、それを示すのが『対外純資産』。つまり海外諸外国に対してどれだけの資産と負債を持っているか。その差額はいくらか。それを示す『対外純資産』が世界でダントツの1位である。

つまり『政府』は貧乏だけど、『国全体』で見れば世界でもっともお金持ちなのが日本という国だ。だから、いざとなったときには世界的に見て円が安全資産だと見られ、円が買われる。つまり円高になる」

——と。

まったくそのとおりです。

そしてここで引用されるのが、財務省の「日本の対外純資産は328兆円」という円建てで示されているデータ（**図 2-3-2**）です。

同じサイトに掲載されている日米のみの過去のデータを並べて、その変動ぶりがわかるように作成したものが、次の**図 2-3-3**の上半分です。さて、この円建て基準のデータで見るかぎり、特に2011年から2014年にかけて数字の変動が大きいことに気づきます。

2011年から2014年にかけ、日本の純資産は265兆円から365兆円に急増している一方、米国の対外純負債は201兆円から834兆円に急増しています。

もうおわかりでしょう。換算に用いたドル円相場いかんにより大きくぶれるのです。円建てで表示するかぎり、日本の対外純資産は、ドル高・円安になれば膨れ上がりますし、米国の対外負債も膨れ上がるのです。

実際、急速にこの間にドル円相場は77円57銭から119円80銭へと円安が進んでいます。下半分の表はドル建てで見たデータですが、日本の純資産も米国の純負債も円建てで見たほどには変化していません。それどころか、わが国のドル建て対外純資産は2011年に比べ、2014年には減少しているのです。

ということは、これから逆に円高・ドル安になればこの数字はまるで変わってくるのです。

◆図2-3-2

主要国の対外純資産

日本	328兆4,470億円
ドイツ	261兆1,848億円
中国	204兆8,135億円
香港	157兆3,962億円
ノルウェー	100兆3,818億円
カナダ	35兆9,305億円
ロシア	30兆2,309億円
イタリア	▲15兆5,271億円
英国	▲39兆6,540億円
フランス	▲62兆4,874億円
アメリカ合衆国	▲885兆7,919億円

（2017年末時点）　　出所：財務省

◆図2-3-3

日米の対外純資産状況（新）

円建て(兆円)

	2011年	2012年	2012年	2014年	2015年	2016年	2017年	2011年→2017年
日本	265	299	325	365	339	336	328	1.3倍
米国	-201	-382	-482	-834	-886	-947	-886	▼4.4倍
(ドル円相場)	77.57	86.32	105.37	119.8	120.42	117.11	112.65	

米ドル建て(兆円)

	2011年	2012年	2012年	2014年	2015年	2016年	2017年	2011年→2017年
日本	3.42	3.46	3.09	3.01	2.82	2.88	2.91	0.9倍
米国	-4.46	-4.52	-5.37	-6.95	-7.46	-8.18	-7.73	▼1.7倍

円建て表示だと日本の対外純資産は1.3倍に、米国の純負債は4.4倍に増えているが、
米ドル基準で見るとそれぞれ0.9倍、1.7倍に過ぎない。

出所：IMF、財務省

第2章　視点を変えれば見えてくる

04 | 過去のデータにさかのぼって見てみると……

金融緩和が物価を上げるルートは4つ？

　アベノミクスと呼ばれる一連の政策の中で、もっとも脚光を浴びてきたのが日銀の金融緩和。いわゆる異次元緩和です。
　これは、日銀がじゃんじゃんお金をばら撒けば、物価が上がり、さらに物価が上がると思えば人々は積極的に消費をし、企業は設備投資に向かい、生産を拡大し、そして結果的に景気が良くなる。こんなシナリオが描かれていた（いる？）のです。
　ではまず、お金をばら撒けば物価が上がるということについて、どんなイメージが前提になっていたのでしょうか？

　1つ目は、大量に供給されたマネーが企業や個人に貸し出され、企業は設備投資や研究開発に使い、個人は住宅建設やリフォームに積極的になる。そこで、さまざまな機械設備、建材、耐久消費財が買われて高くなる、という流れです。
　2つ目は、やはり民間にだぶついた大量のマネーが株式や不動産に向かい、価格が上がる、というプロセスです。
　それを保有する人々の懐は潤います。そうすれば投資、消費を積極的に行うため、販売者は強気になって値段を上げる。つまり物価が上がる、というメカニズムです。
　注意深くデータを見ているとわかるのですが、株価が急激に上がっているときには特に高級宝飾品、紳士服等の売れ行きが増加することが多いものです。
　株、不動産などの資産の価格が上がったことによる効果という意味で、資産効果と呼ばれるのがこれです。
　3つ目は、円という通貨が大量に供給されるため、他の通貨に対して円の価値が下落することです。経済の大原則は「少ないモノには価値があり、多いモノの価値は下がる」ですから、つまり円安です。
　実際、アベノミクスが始まった2013年以降、一足飛びに円安が進みました。
　円安が進めば、輸入品の価格が上がるのは当然です。日常品でも原油を材料とするポリエチレン製品、小麦粉を使った各種食品、大豆を原料とする食用油などの価格が上がります。
　4つ目は円安によって自動車、電子、機械など輸出メーカーの業績が拡大し、それによって賃金が上がり、個人消費が増え、物価が上がる、というルートです。

過去の消費者物価とGDP伸び率の関係は……?

さて、ではこうした物価の上昇がはたして経済成長につながるのかどうか? 実はこれが一番肝心なところです。

日銀が目標として掲げている物価上昇率2%というのは、あくまで中間目標です。いや、手段と言ったほうがいいかもしれません。政府・日銀が最終的に目指しているのは、デフレからの脱却であり、経済成長率の引き上げです。

ということは、**物価の上昇がGDPの上昇にうまくリンクしていかなければ意味がない**のです。さて、これから物価が上がることでGDPは拡大するのかどうか?

こんな疑問に対してまず手をつけるべきは「過去はどうだったの?」という問いかけです。つまり、**物価と景気にはどんな関係があったのかを過去のデータにさかのぼってみればいい**のです。

これを示すのが、過去35年にわたる消費者物価上昇率とGDPの伸びを対比させて描いた**図2-4-1**です。さてどうでしょうか?

消費者物価が前年比で1.5%以上上昇した時期をスミアミで示しておきました。

◆図2-4-1

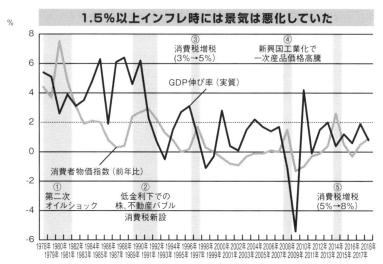

出所:総務省、内閣府

原油高・円安、増税によるインフレは景気を後退させる

　インフレ率が1.5％を超えた①〜⑤のいずれの時期も、GDPの伸び率は下がっています。つまり、物価上昇率が1.5％を越えたときには、むしろ景気が悪くなっているのです。なぜか？

　まず①。これはイラン革命を引き金に原油価格が高騰した時期に当たります。第二次オイルショックです。②は1989年４月から消費税が創設されたことに伴うインフレです。このときには同時に円安も進行しました（1988年＝128円⇒1989年＝138円）。

　続く③は、橋本政権下において消費税が引上げられた（３％→５％）時期に当たります。さらに円安が進んだ時期でもあります（1996年＝109円⇒1997年＝120円）。

　そして④は、原油のほか小麦、大豆、非鉄金属など幅広い一次産品価格が高騰した時期です。多くの人にとって記憶に新しい出来事ではないでしょうか。中国、ブラジルなど新興国の急速な工業化が原材料の価格を引き上げたのです。

　最後の⑤は、言うまでもなく消費税の引き上げ（５％→８％）に伴うものです。

　以上のように、1.5％以上物価が上がった時期というのは、海外での原油などの原材料価格の上昇、消費税引き上げあるいは円安といった理由によるものだったのです。多くの人が「価格上昇」からイメージする、「国内で需要が増えたから」ではなかったのです。

「インフレ率が高い時期」には「GDPの伸びは低い」

　こんな理由で物価が上がったのなら、景気は後退するのは当然です。これはとても理にかなった現象です。原油価格の上昇と円安は、輸入品価格を引き上げるため、わが国の企業の生産コストは上がります。

　また、消費税引き上げは家計消費を減らします。いずれも景気の後退要因です。

　物価上昇が景気の拡大につながるためには、その物価上昇が、個人消費や企業の設備投資等が積極的に行われた結果起きた物価上昇である必要があります。

　しかし、過去35年のうち物価が年1.5％以上上昇した①〜⑤はいずれも、こうした需給バランス好転による物価上昇ではありませんでした。

　これは、国内需要だけでは日本の物価が1.5％とか２％以上には到底上がらなく

なってきたのだと考えたほうが自然です。

　ちなみに、複数のデータの相関度を見るうえで良く使われるのが分布図です。
　下の**図2-4-2**は、過去20年間の物価上昇率とGDP（経済成長率）の関係を示したものですが、これで見ても以上のことはおわかりいただけます。
　「景気のいいときには、インフレ率も高い」が本当だったら、このグラフでプロットされた点が右肩上がりでなければなりません。
　しかし、どこから見てもそうは見えません。むしろ、「インフレ率が高い時期」には「GDPの伸びは低い」という結果となっているのです。

◆図2-4-2

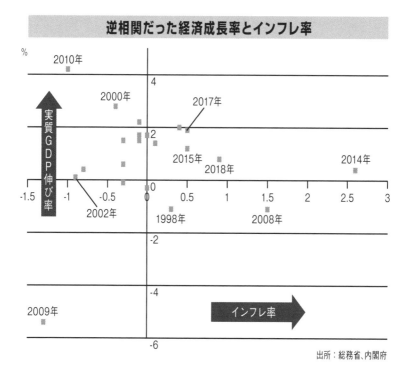

出所：総務省、内閣府

05 | そのデータ、日本から見るか米国から見るか？

米国人はドルの価値をどのように見ているのか？

　同じモノを反対側から見ると、まったく別物として見えることは良くあること。

　視点が変われば違ったものとして見えてくる。経済社会にもこの手のことは多くあり、経済データを読むときにバイアスとして働くことが少なくないのです。

　日本から見た為替相場の動きは海外、特に米国から見た場合、ちょっと違った風景として見えている可能性が高いのです。それは、為替相場から大きな影響力を受ける貿易の実態を踏まえてみれば良くわかります。

　私たちは自国の通貨である円の相場を見るに際しては、ほとんど無意識に米ドルとの対比で見ています。もちろん表記法も1ドル＝112円というように「ドル円相場」です。これは、**米ドルが世界の基軸通貨であることが最大の理由**です。

　基軸通貨である米ドルは、貿易取引など国境を越えた経済取引に伴って、決済するときに圧倒的なシェアで用いられています。つまり、米ドルは世界中どこでも通用する、もっとも汎用性が高い通貨なわけです。

　2円円安が進めば、私たちは「2円分ドル高が進行した」と反応します。しかし、米国人は、直ちに「私たちの自国通貨であるドルが高くなった」と見ているとは限らないのです。

　私たちは、自国通貨である円の価値は米ドルを基準に測るのを当然としていますが、**米国人はドルの価値を測るのに、円を基準にするわけではありません**。

　彼らは、輸出採算に重大な影響を及ぼすドル相場の変動について、必ずしも「対円」を基準には見ていないからです。

　それどころか、「対円でのドル相場の動きなんか、米国の貿易全体から見ればたいしたことではない」と見ている可能性が高い。少なくとも、私たちが直感的に思うほど、2円の円安・ドル高に対してはさほどの関心を持っていません。

　第1章で「2012年から2014年にかけて急速な円安が進んだのに、米国からははっきりした形で円安を牽制する声は出なかった」と記しました。

　これは**図2-5-1**をご覧いただければわかります。先を急いで言うと、貿易額シェアでたかだか5％足らずの円との為替相場が動いたところで、今では米国の実体経済にたいした影響はなかったとも考えられるからです。

　なぜか？　それはグラフが示すとおり、この間にドルは円以外の多くの通貨に対

◆図2-5-1

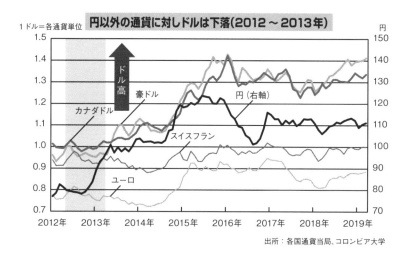

出所:各国通貨当局、コロンビア大学

しては逆に下げていたのです。つまり、この期間は、円から見れば「ドル高」であったのですが、ドルの側から見れば「多くの通貨に対してはドル安が進んでいる」と見えていたのです。

米ドルは「ドルインデックス」という指標で測る

　トランプ政権は、米国の輸出競争力を高めることを主要な政策目標に掲げています。そのためには、「ドル高修正」あるいは「ドル安」政策が必要だと考えています。
　だからと言って、必ずしも**「対円でドル安」である必要はありません**。なぜか。それは日米の貿易の実態を具体的なデータで見れば良くわかります。
　米国全体の貿易総額を100％とすれば、対日貿易はわずか5％のウエイトしかありません。そこへいくと対EUは18％、対カナダは15％、対メキシコは14％もあります。
　ということは、ドルの通貨価値を見るときには対円より、対ユーロ、対カナダドル、対メキシコペソの相場のほうがむしろ重要なのです。
　私たちが円の価値を測るのはカンタンです。基軸通貨である米ドルを基準にすればいいのですから。しかし、米国人にとって米ドルの通貨価値を測るのは、そんなに簡単ではないことがわかります。では、彼らは何を見ているのでしょうか？

それが「**ドルインデックス**」です。

円のほか、ユーロ、英ポンド、カナダドル、メキシコペソなど、主要な通貨に対する米ドルの総合的な強弱感を指数として示したものです。その**図2-5-2**を見ると、ドルに対して円安が進んでいた2012〜2013年のときでも、ドルのインデックスで見る限り、ドルの水準はほとんど変化していないのです。

以前ほど米国の貿易に影響を持たなくなってきた日本

私たちはともすれば、日本がわが世を謳歌していた1980年代までの記憶から、「米国は、日本の自動車などの輸出製品が米国市場を席巻しかねないことを恐れている」というイメージを色濃く持っています。

しかし、今はそんな時代ではありません。残念ながら、それほどの強い影響力を米国に対して持っているわけではありません。

歴代の米国の政権が注視している対外貿易赤字ベースで見ても、1980〜1990年代半ば頃は優に60％以上が対日貿易によるものだったのですが、2018年にはその比率はわずか8％。そこへ行くと対中赤字は全体の44％、対EUが19％、対メキシコが10％です。

つまり、現実問題として、「**ドル円相場が多少円安に振れたくらいでは、米国の貿易全体に対し、かつてのような影響力を持たなくなってきている**」——こう考えたほうがいい。昔とはずいぶん事情が変わってきたのです。

◆図2-5-2

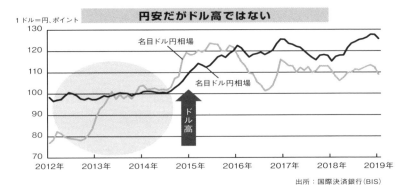

出所：国際決済銀行（BIS）

COLUMN 02

１ドル＝１００円⇒１２５円。「円の下落率」と「ドルの上昇率」は同じ？

　本文では触れなかったのですが、為替相場の変化率を巡るちょっとしたトリックをご紹介しておきます。「１ドル＝100円から125円に動いた」——さて、このとき、この変化をどう表現するでしょう？

　大別すると２つです。

　１つは、データの変化を幅で表現する方法。つまり、「１ドルあたり25円の円安」、あるいは「１ドル25円のドル高」です。これはわかりやすいですね。

　２つ目は、変化率で示す方法です。

　では、「この場合、何％円安が進んだのか？」——こんなふうに問うと、多くの方は、「25％の円安」とおっしゃいます。

　「25％の円安」とは、円の価値がドルを基準に25％下がったことですね。しかし、これは不正解です。なぜか？　それは改めて１ドル＝100円という表示法の意味を考えてみればわかります。

　「１ドル＝円」という表記法は、ドルの価値を円という尺度で測っていることを示します。１キャベツ＝100円と言えば、キャベツがどれだけの価値があるかを、円を尺度にして示したものです。

　ということは、１ドル＝100円から125円になったということは、１ドルの価値が100円⇒125円に上昇したわけですから「25％のドル高」です。

ではこのとき、円はドルに対して逆に25％安くなったのか。
これを直感的に知るためには、円の価値をドルの尺度で示すことが必要です。

1ドル＝100円⇒125円は、
1円＝1/100ドル⇒1/125ドル
となります。
これは、
1円＝0.01ドル⇒0.008ドルです。
小数点以下の桁数が多いので100倍してみましょう。
100円＝1ドル⇒0.8ドル
つまり、「20％の円安」なのです。
ですから、「1ドル100円から125円へと25％の円安」とあれば、その25％は正しくないのです。
ドル円相場の変化を表現するとき、円相場の変動率とドルの変動率は異なるのです。

これは特に目新しいことでも何でもありません。
身長150cmの人は、180cmの人に対し「君は僕より20％高い」と言えますが、逆に180cmの人から見れば「君は僕より17％低いよ」となります。

第2章 視点を変えれば見えてくる

06 | ミクロ（魚の目）とマクロ（鳥の目）

家計消費をめぐる与野党の対立とは？

2015年末の景気論争における野党と自民党の論点対立とは、いったいどんなものだったのでしょうか？

民主党は、「実質賃金の落ち込みを見ると、家計は窮迫の度を加えていることは明らか」と、もっぱら実質賃金のデータを前面に出していました。もちろん、名目賃金がほとんど上がらないうえに、円安並びに消費増税による物価高で、賃金の実質価値は下落し続けているという事実を踏まえたものでした。

一方、これに応じた自民党が主張したのが、「実質賃金は下落しているが、一方では雇用者数は順調に増えており、消費増税の影響を除けば雇用者所得はむしろ増加している」という主張だったのです。

実はこの問題、同じ分野の経済問題を家計レベルのデータをもとに論じるか、国全体のレベルで論じるかによって、まったく逆の風景が見えてくるという例です。

結論だけを言えば、家計レベルで計測した賃金統計は悪化しているが、国全体で見た雇用者所得は増えているという姿があぶり出されたのです。つまり、「実質賃金」を重視すべきか、「雇用者所得」のほうが重要かという戦いでもあったのです。

「実質賃金」VS「雇用者所得」の戦い！

さて、この問題をどう考えればいいのでしょうか？

「実質賃金」VS「雇用者所得」の戦い（！）は、家計消費を見るうえではとても本質的な問題を示唆しているのです。

まず、わかりやすいのは「実質賃金が下落一方」という民主党の主張です。

もちろん「実質賃金」とは名目賃金から物価要因を控除した値です。具体的には**「実質賃金の伸び」＝「名目賃金の伸び」－「インフレ率」**です。

図2-6で見るとおり、消費増税込みで算出された実質賃金の前年比はほぼ一貫して下がっています。

家計レベルで見た場合の平均的な賃金の実質価値は、下落しているということです。では、この事実だけで家計は窮乏していると断じていいのでしょうか？

「そうではない」と反撃したのが自民党だったのです。同党は「雇用者所得」と

◆図2-6

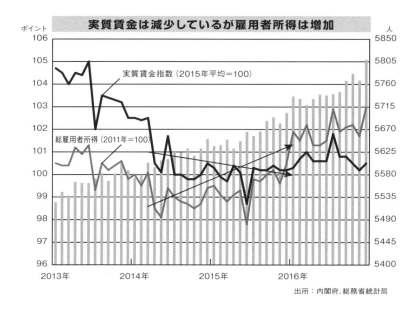

いうデータを前面に出しました。

　雇用者所得とはなじみの薄い言葉かもしれませんが、GDPなど国民経済計算の分野ではとても重要な概念です。

　平たく言えば、**「雇用者所得＝賃金×雇用者数」**です。

　つまり、日本全体で見れば雇用者はどれだけの所得を得ているか、という統計データです。言い方を換えれば、「企業が稼いだ収益のうち労働者に配分された賃金（雇用者が得る所得）」です。現在、企業が稼いだ収益の約半分が従業員（雇用者）に払われています。

　選挙期間中、自民党が主張したのは「実質賃金は下落している」「しかし第二次安倍政権発足以来、雇用者は100万人増えた」「このため雇用者所得はそれほど下がっていない」「それどころか、消費増税分を除けば前年比でプラスだ」というものでした。

　もう一度、**図2-6**をご覧ください。確かに2014年第2四半期以降は雇用者所得は増加トレンドに入っています。棒グラフで示した雇用者数が、安倍政権発足以来ほぼ一貫して増加していることの効果がじわじわ表れてきた格好です。

「賃金」で見る家計、「雇用者所得」で見る家計、どちらも重要！

さて、個人あるいは家計の金銭的な豊かさを計るうえでは、賃金、雇用者所得のどちらをより重視すべきなのでしょうか？

これは、どのような立場に立つかによって異なると考えるべきでしょうね。

「（平均）賃金が下がった」ということは、雇用者全体を見渡した場合、より所得の低い人が増えたことを意味します。最近は、新しく仕事に就いた人の過半数はパート、アルバイトですので、全体から見れば、所得が低い層が膨れ上がるのは当然です。

しかし、マクロの立場で、日本全体の家計消費という観点から見るとどうでしょうか？　この場合は、日本の雇用者全体が手にした雇用者所得をより重視すべきでしょう。少なくとも GDP の最大構成要素である家計消費の動きを見るうえでは、平均的な賃金の動きもさることながら、雇用者全体での所得の増減のほうが重要だと見ることができます。

036 ページの冒頭にあるとおり、「お父さんの賃金が多少下がったとしても、その家庭全体での所得が増えたのであれば、それはそれで良し」としなければならないという考え方も一般的に成り立ちます。

ただし、わが国ではこれから人口減少とともに雇用者が減少に向かうのは必死。ということは、平均賃金が上がらない限り、国全体の雇用者所得も増えず、したがって景気が良くなることもないと考えるべきでしょう。

COLUMN
03

誤解されがちな「平均賃金が下がった」

　本書では「賃金」に関する統計データが多く登場します。

　とりわけ、「1997年をピークにわが国の賃金が1割も下がった」といった説明が数ヶ所に出てきます。しかし、誤解されることがあるようなのですが、日本全体の雇用者の「賃金」が1割下がったからといって、それはたとえばある特定の人の「賃金」が1割下がったわけではないことに注意してください。

　「賃金」とは、あくまで集計対象者の平均的な賃金のことです。したがって、賃金のデータを決めるのは、「雇用者であり続ける人の賃金変動」「新規参入者の平均賃金」「退出者の平均賃金」の3つの要素です。この間に、雇用者がどれだけ増えたり減ったりしたかは関係ありません。

　理屈のうえからは、集計対象者に一切変動がないときに「賃金が下がった」というのなら、それは（平均的に）賃金が下がったことを意味します。しかし、雇用者は常に入れ替わっています。

　特に、2014年以降は相対的に高所得者であった団塊の世代が大挙して退職する一方では、相対的に低賃金のパート、アルバイトあるいは外国人労働者が大勢新しく職に就いたのです。

　こうして「新規参入者の平均賃金」が「退出者の平均賃金」を大きく下回る状態が続いたことが、過去20年間のわが国の賃金水準を引き下げてきたという側面が強いのです。

第2章　視点を変えれば見えてくる

COLUMN
04

＜グラフトリック その2＞
グラフの傾きにご注意！

「グラフに見るとおり、リーマンショック後の株価回復期を通して見ると、IT、デジタル関連企業が多いナスダック指数よりも、NYダウのほうがはるかに上昇率は高かった」

さて、このコメントは正しいでしょうか？　確かにNYダウのほうが右肩上がりの傾きは急なように見えます。

いえいえ、これは完全な騙しです。同じ期間に1目盛り分だけ上がったとしても、それが5000から10000へ上がったときも、10000から15000へ上がったときも、傾きは同じですね。それにもかかわらず、前者の上昇率は100％、後者は50％です。

単純に傾きだけで判断することには注意が必要です。

往々にして経済の専門家とされる人でさえ、この手のグラフトリックに引っ掛かるのですから。

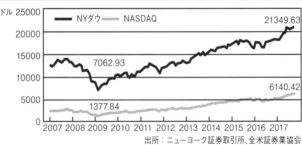

どちらのほうが上昇率が高かった？

出所：ニューヨーク証券取引所、全米証券業協会

Analysis

第 3 章

データを分解する

経済数字のほとんどは、元データや計算のプロセスを知らないまま、結果だけを目にすることになります。しかし、その内訳をていねいに見ることで、データの印象が一変するとしたら……!?

01 | 二次データは、必ず一次データ （実数値）を参照する

「求人倍率」急改善のトリックとは？

　雇用指標を見る限り、日本経済はかつて経験したことのないピッチで改善しつつあるように見えます。しかし、今やこれらの雇用指標を額面どおりに受け取ると、現実の雇用情勢を完全に見誤ることになります。
　ここでは求人倍率のトリックを取り上げましょう。
　「求人倍率が0.8倍から1.6倍にまで急改善した」。この安倍政権の言い分に対しての突っ込みどころのひとつは、このデータの元になった一次データにさかのぼれば簡単にわかります。

有効求人倍率＝有効求人数／有効求職者数

　2012〜2018年の時系列データを見ると、確かに求人は80万人増えています。しかし一方では、求職者は70万人も減っているのです。
　つまり、求人倍率データが改善したうちの半分は、求職者が急減したためだったのです。
　ということは、求人倍率が0.8倍から1.6倍まで改善したと言っても、このデータを「額面どおりには受け取れない」のです。
　「求人」倍率、という言葉から、倍率が上がれば、私たちは「求人」が増えたということしかイメージしないことが多いのではないでしょうか。
　しかし、分母の求職者にも注意を払うことが大事だということが、これでわかります。
　倍率とは割り算の結果なのですから、分子と分母、両方の数字の相対的な関係を示すものです。

加工前の一次データにさかのぼると本質が見えてくる

　では、なぜ2012〜2018年にこれだけ求人が増え、求職者が減ったのでしょうか。
　数字の中身をちょっと覗いてみると、こんな発想が簡単に出てきます。ここが大

◆図3-1

出所:厚生労働省

事です。「なぜ求職者数が減ったのか?」こんな疑問は倍率だけを見ていても絶対に出てきません。元データにさかのぼることで初めて出てくる疑問なのです。

言い換えると、一次情報にさかのぼったおかげでこのテーマの本質に迫ることができます。

これが、**「数字を手がかりに考えを進める」**ということです。逆に言えば、数字をていねいに見ていかなければ物事の本質には迫ることはできません。これが、経済の分野で物事を考えるということのとても大事な一側面です。

それともうひとつ。別のところ(104ページ)でも触れますが、雇用をめぐるデータの多くは「人」。失業率、求人倍率などは、いずれも基礎データは「人数」です。

そこでは、個々の労働者の属性は一切考慮されないのです。今、データに即して雇用の問題を考えるについては、この点がもっとも重要なポイントです。

「求人が増え」て「求職者が減った」──そのワケ

1回4時間、週2日のシフトで牛丼チェーン店に務めるバイト君も、残業を含め平均して週に55時間働く会社員も、等しく「1人の就業者」としてカウントされ

るのです。

　求人倍率も同じ。週2シフトのアルバイトを募集しても「求人1人」。フルタイムの従業員を募集しても「求人1人」なのです。

　就業者のほぼすべてがフルタイム労働者であった昭和30年代であれば問題は簡単です。求人倍率などのデータを読むに際しては素直に、その倍率の変動を数値どおりに評価していてもそれほどの間違いはありませんでした。

　しかし昨今、パート、アルバイト、臨時雇いを含め雇用形態は急速に多様化してきています。かつ、パート、アルバイトの募集が急増しています。

　1995年時点では、求人数全体のうちのパート求人数は22％、2005年には32％でした。それが、2018年時点では求人総数が278万人であるのに対して、パート求人数は116万人。

　つまり、パート求人比率は42％にのぼります。この間に、パートタイマーへの需要（シェア）が急増しているのです。

　「フルタイム労働者10人を求人募集」から「パートタイマー20人の求人募集」になれば求人倍率は2倍になります。

　図3-1における求人倍率上昇の裏には、以上のような事情があることが容易にわかります。

　もうひとつ付け加えると、特にアベノミクスの時期は昭和22年～24年生まれの団塊の世代の人たちが揃って65歳を過ぎ、70歳代に突入した時期にあたります。つまり退職する人がうんと増えて、その欠員を埋めるために求人が増えたのです。

　それとともに、65歳以上の人が急に増えたものの、これらの過半数はご隠居さん。つまり求職活動はしません。「求人が増え」「求職者が減った」のは、こんな特別な時期だったからなのだとわかります。

　以上のような事情を踏まえれば「ほら、こんなに有効求人倍率が上がったぞ」と無邪気に評価するなんてことはとてもできっこないのです。

　アベノミクスを評価する論者が好んで取り上げるのは、労働環境の劇的な改善です。確かに、第二次安倍政権が発足した2012年末以降、今日に至るまで、完全失業率は急低下し、有効求人倍率も上昇し続けています。

　しかし、そのウラにはこんな事情が隠されていたのです。

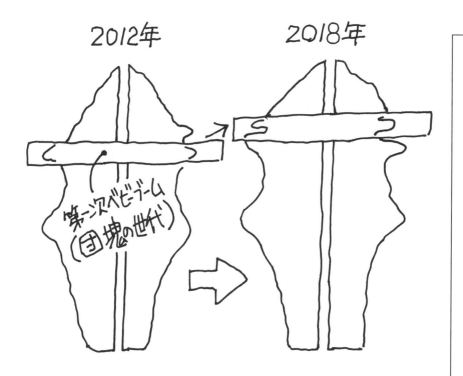

02 | 雇用者って誰？　その内訳を見てみると……

経済データを見るときは、「その中身は？」と発想してみる

　いつの世でも、どの政権でも同じことですが、一番気にしている経済統計データの１つが雇用に関するものです。仕事がないということは、もっとも政府に対する攻撃の材料になりやすいからです。

　安倍政権も同じ。経済政策の効果を誇るときに一番強調するのが雇用情勢です。

　特に、雇用者が増えたことが良く取り上げられます。安倍政権が始まってから6年で雇用者数は400万人以上増えました。これだけを見ればたいしたものです。

　「やはり、日銀の大胆な金融緩和で円安が進み、輸出企業中心に収益が拡大した。その結果、企業収益もドンドン膨れ上がって仕事も増え、新たな人手が必要になった」ということになります。

　だからといって、このアベノミクス時代における雇用情勢の好転は「アベノミクス政策の効果」と言い切ってしまっていいのでしょうか？

　経済データを見るときは、まず「その中身は？」と発想するのが基本中の基本です。その内容いかんでは決して褒められたものではないことも多いのです。

　それどころか、GDPのところ（110ページ）で説明するように、むしろ、実態的には悪化しているのに、データの数値自体は好転するなんてことも珍しくありません。

「雇用者が400万人も増えた」——その中身は？

　では、「雇用者が400万人増加」というデータをどう切っていけばいいのでしょうか。

　雇用者と一口に言っても、その内容はさまざま。就労形態で分ければ**「正規と非正規の別」**、そして**「男女の別」**、さらに**「年齢階層別」**などに分けることができます。国籍で分ければ**「日本国民と外国人労働者の別」**があります。これらの要素に切り分ければ、どんな風景が見えてくるのでしょうか？

　雇用者の内訳が一番はっきりした形でわかるのが、総務省統計局が毎月まとめて

◆図3-2-1

わが国の雇用者増加の内訳（1）

	総数				
	雇用者	役員を除く雇用者	正規の職員・従業員	非正規の職員・従業員	パート・アルバイト
平成24年	5,530	5,161	3,345	1,816	1,530
平成25年	5,558	5,213	3,302	1,910	1,323
平成26年	5,603	5,256	3,288	1,967	1,350
平成27年	5,653	5,303	3,317	1,986	1,370
平成28年	5,741	5,391	3,367	2,023	1,403
平成29年	5,810	5,460	3,423	2,036	1,414
平成30年	5,927	5,596	3,476	2,120	1,490

◆図3-2-2

わが国の雇用者増加の内訳（2）

	25〜44歳			
	雇用者	役員を除く雇用者	正規の職員・従業員	非正規の職員・従業員
平成24年	2,542	2,466	1,789	667
平成25年	2,523	2,451	1,302	693
平成26年	2,507	2,436	1,288	703
平成27年	2,477	2,407	1,317	686
平成28年	2,452	5,383	1,367	667
平成29年	2,427	2,358	1,423	646
平成30年	2,400	2,342	1,476	635

◆図3-2-3

わが国の雇用者増加の内訳（3）

	65歳以上			
	雇用者	役員を除く雇用者	正規の職員・従業員	非正規の職員・従業員
平成24年	353	260	81	179
平成25年	376	268	81	204
平成26年	415	321	86	235
平成27年	459	360	93	268
平成28年	501	400	99	301
平成29年	531	426	109	316
平成30年	576	469	111	358

出所：いずれも総務省「労働力調査」

第3章　データを分解する

いる「労働力調査」です。この統計で見ると、次のような数字がカンタンに見つかります。

1つは、正規雇用者とパート、アルバイト、派遣のような非正規雇用者の別が示された**図3-2-1**です。

確かに、平成24年（2012年）に5161万人（役員を除く）だったのが、平成30年（2018年）には5596万人にまで増えています。6年間で430万人増えたのは事実です。しかし、その内訳を見ると、正規雇用者が130万人増に対して、非正規雇

用者が300万人も増えているのです。**増加したうちの実に7割が非正規と呼ばれる人たちだったのです。**

　正規雇用者に比べて労働時間がうんと少ない非正規雇用者がわんさか増えたというわけです。週2シフトで6時間働く人も、月間残業時間が60時間にも及ぶ大企業の課長さんも、同じ「1人」としてカウントされているのが、この「雇用者」という概念なのです。

　もう1つ、**図3-2-2**でわかることがあります。この6年の間に、「25〜44歳」の正規雇用者が減少しています。この年代の雇用者と言えば、一番労働生産性が高い層です。つまり、**もっとも働き盛りの年代の雇用者が減っている**のです。

　一番の原因はこの年齢層の人口が急速に細っていったことです。このことは、わが国で働く人のうち、もっとも中核になるべき層の労働力が一気にペースダウンしたことを示しています。

　3つ目に、同じ年齢階層別のデータからも、ちょっと意外な数値を見つけ出すことができます。**図3-2-3**にあるとおり、65歳以上の雇用者が210万人も増えているのです。では、この65歳以上のうち非正規の仕事に就く人は何人増えたでしょうか？　その数、179万人です。

65歳以上の非正規雇用者が急増

　65歳以上の高齢者のパート、アルバイト労働者が急増したのはなぜでしょうか？　たぶん、直感的におわかりになると思いますが、自分たちより上の世代と比較して年金額が明らかに減ってきたため、**「リタイア後も働かざるを得ない」と考えた人が増えた**ためだと考えるのが自然です。もちろんそれ以前に、65歳に至るまでの賃金上昇率が多くの人の予想を裏切り、きわめて低かったこともあります。「あ、これじゃ当初思い描いていたような年金生活で悠々自適というわけにはいかないや」となった。

　「そういえば」と、ここで気づく方がいらっしゃると思います。「2018年までの6年間と言えば、団塊の世代の人たちが揃って65歳を超え、リタイアした時期にあたるな」と。これは前項でご覧いただいた図にもありました。

　さらには、この間に雇用者が430万人増えたうち、外国人労働者が70万人増えていることはあまり知られていません。このデータは厚生労働省による年1回の調

査によるものですが、日本国内で働く外国人労働者は、2012年から2018年までの間に68万人から146万人へと70万人増えています。

　つまり、**この間の雇用者増のうち２割近くは外国人労働者の増加によるもの**だったのです。

　近年、コンビニ、飲食店などで働く外国人が一気に増えました。特に深夜は外国人スタッフだけというコンビニが多いことは、多くの人がご承知のとおりです。日本人が嫌がる深夜労働を外国人が埋めているのだろう、ということは容易に想像できます。

　さあ、ここまでくれば「雇用者が400万人以上も増えた」という安倍政権の主張が一気に色あせてきます。

　データが示されたとき、その内容はどうか？　内訳はどうか？　と一度疑ってみてください。そうすると、そのデータのイメージがドンドン変わっていくということは良くあることです。

第3章　データを分解する

03 | 前月(前年)比データの限界を知る

「前年比」「前月比」で伝えられることが多い経済データ

　私たちは、多くの経済データが「前年比」とか「前月比」で表されることが当然だと思っています。

　しかし、考えてみればわかることですが、それは単にそのデータの過去1年間の、あるいは1ヶ月間の動きを切り取って表現されているにすぎません。しかも「前年比」だと、1年前との比較がわかるだけで、その間の変化を見ることもできません。

　極端に言うと、その時点のデータをピンポイントで取り出して、それをまたピンポイントで取り出した1年前のデータと比べているにすぎないのです。その間のプロセスについては一切言及しないのですね。

　たとえば、**図3-3-1**のように変化した場合でも、前年比だと同じ2%ダウンです。しかし、(イ)のように一定のゾーンで循環しながら動いている中での下落場面だったのか、(ロ)のように長期にわたりほぼ一貫して下落してきた中での2%ダウンだったのか？　それとも(ハ)のように長期間に相当上げてきて、ちょっと疲れて下がっている時期だったのか？　それは一切わかりません。

◆図3-3-1

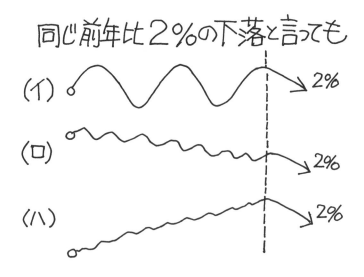

これは、多くのニュースは「新しい動き（news）」を報じることが主な目的だからです。言い方を換えれば、これまでの中長期の動きがあらかじめわかっている人が最近の動きだけを知ればいい、というニーズに応えるものなのだと言ってもいい。

もっとも、それなりに重要なデータであれば、少なくとも数年程度の動きをグラフ入りで示されることが多いのですが、言葉だけで（文章だけで）伝えられるニュースではそれがわからないことが多いです。

前年比ではなく、実数値で見てみると真実が浮かんでくる

政策効果がもっともはっきりする総合的なデータといえば、四半期ごとに発表されるGDP速報値。これはまず、前期（四半期）からの変化率を年率に換算したデータとして表されます。10～12月のデータがまとまったときには、その年のデータが前期（7～9月）と比較されたうえで「年率の伸び」として表現されるのです。

ここではわかりやすいように、1年単位でのデータ（年次データ）の前年比を見てみましょう（**図3-3-2**）。

◆図3-3-2

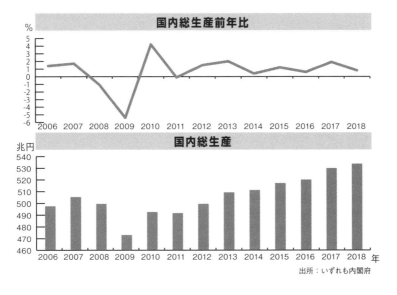

出所：いずれも内閣府

◆図3-3-3

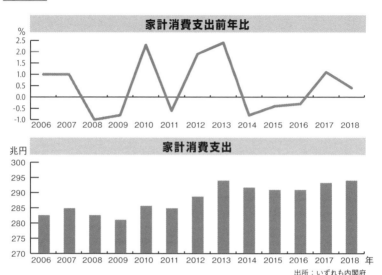

出所：いずれも内閣府

　このように変化率が折れ線で示されただけでは、「2018年は前年比で0.8％」であり、「アベノミクスが始まった2013年以来、小浮動を繰り返しながら平均して1％程度のピッチで伸びてきた」ことがわかるくらいです。
　しかし、これを下のグラフのように実数値（絶対値）として見ると、何が見えてくるでしょうか？
　これは棒グラフで示しましたが、これだと一目瞭然。「リーマンショックの落ち込みから回復するのに6年かかった」「アベノミクス開始の2013年に、やっとリーマンショック直前の2007年の水準を回復した」ということがわかります。
　では、GDPを構成する個人消費の動きについても、前年比データと実数値データを比較すると何が見えてくるでしょうか？（**図3-3-3**）
　「2018年の個人消費は前年に比べて0.36％増えた」──これがGDP統計での表現です。あるいは「2017年には1％以上伸びていたのに比べ、だいぶ下がった」ことがわかります。では、実数（金額）で見るとどうか？
　2014年に行われた消費増税で極端に冷え込んだ消費が、2018年になってやっと回復したことがわかります。つまり、「回復するのに4年もかかった」ということがわかります。とともに、**「なんのことはない、アベノミクス初年度（2013年度）**

の水準に戻っただけなんだ」ということが見えてきます。

変化率だけでなく、実数値でも見てみよう

つまり、一番新しいデータを、その変化率だけで見るということは、そのデータをある一面からしか見ていないということです。しかも多くの場合は、直近の動きしか視野に入りません。また、ニュース記事はそうした報道の仕方しかしないのが一般的です。

同じテーマについて違った切り口で見るということは、違った視点で見るということ。

「群盲象を撫でる」（大勢の盲人が象の体をなでて、それぞれが自分の触れた部分の印象だけから象について述べたというたとえ）という言葉がありますが、**同じデータを違った側面から見ることで、よりその対象物を立体的に観察することができる**というわけです。

あるものを一定の視点で二次元の絵で見ているものが、別の二次元の絵を見ることによって、その対象物が三次元の絵として観察できる、というイメージだといえばわかりやすいでしょうか？

ニュースではともかく、経済データが一覧できる数表などでは、前年比などの変化率だけではなく、その絶対値（実数）も同時に示されていることが多いことに気づくはずです。

04 | 経済統計データは固有のバイアスを抱えている

在庫の増加率が増えればGDPは上昇

　前項でも取り上げたGDP。この統計をきちんと読むためには、最低でも2つのポイントを押さえておく必要があります。

　1つは、民間在庫に注目すること。民間在庫とは、民間企業などが在庫として抱えている製品や原材料のことです。

　実は、GDPの統計を集計するうえでは、在庫増加はGDPの拡大要因（プラス）としてカウントされます。つまり、GDP統計では民間在庫が増えればプラス、つまり景気が良いとみなすことになっているのです。

　これは、GDP統計上の定義によるものです。つまり、民間在庫とは「生産されたものが生産者自身によって購入された」とみなすことになっているからです。マクロ経済では、GDPのテーマで必ず**「三面等価の原則」**を学びます。

　これは、「生産されたものは必ず購入され、代金を受け取った人はそれを（仕入先や従業員等に）分配する」。「購入される」ということは買い手がお金を「支出した」ということ。そこで「生産額」は「分配額」に等しく、それはまた「支出額」にも等しい、という原則です。

　しかし「？」となる人が少なくありません。「なぜ？　生産したモノがすべて売れるとは限らないでしょ」というわけです。

　しかし、現在のマクロ経済において標準的な考え方では、生産したものの売れなくて「在庫品」となったときには、それは「生産者自身によって購入された」とみなすことになっているのです。

　経済学では、こんな「本当に実態に合っているの？」というみなしがあちこちにあります。

「在庫増」には2つのケースがある

　話を元に戻します。「在庫が増えた」ときには2つのケースがあるはずです。

　1つは「近い将来売れることが見込めるから、積極的に在庫を増やした」という

もの。もう1つは「売れると思って生産したけれど予想に反して売れなかった」というケースです。後者を**「意図せざる在庫増」**と言ったりします。

その見きわめは難しいのですが、「出荷されなかった（売れなかった）」ためであったのなら、「在庫増」は本当は景気の悪さを表しているのですね。つまり、見込みどおりには売れなかったために在庫が増えた場合（悪い在庫増）であっても、GDPにとってはプラス要因なのです。

「そんなバカな！」と言っても、GDPはそういう前提で算出されることになっているのだから仕方がありません。

以上の正反対の「在庫増」のうち、どちらなのかを見きわめるためには、家計消費や設備投資等のデータも同時に読めばおおよその傾向はわかります。

◆図3-4

GDPが伸びたからといって・・・

	国内総生産（支出側）	民間最終消費支出	民間住宅	民間企業設備	民間在庫変動	政府最終消費支出	公的固定資本形成	財貨・サービス		
								純輸出	輸出	輸入
2016/1-3.	2.9	0.9	0.2	-0.6	0.2	0.9	0	1.3	0.2	1.1
4-6.	0.1	-1.2	0.3	-0.4	1.5	-0.7	0.3	0.3	-0.4	0.7
7-9.	0.9	1.1	0.3	-0.2	-2	0.3	0.1	1.4	1.8	-0.4
10-12.	0.9	0	0.1	0.8	-1	-0.1	-0.4	1.7	1.9	-0.3
2017/1-3.	3.6	1.2	0.1	0.9	0.6	0.2	0.1	0.3	1.1	-0.8
4-6.	1.8	2.2	0.2	0.5	-0.6	-0.1	0.6	-1.2	0	-1.2
7-9.	2.5	-1.8	-0.2	1.1	1.7	0.2	-0.5	2.1	1.7	0.4
10-12.	1.6	1	-0.4	0.5	0.4	0	0	0.1	1.5	-1.4
2018/1-3.	-0.4	-0.5	-0.2	0.7	-0.5	0.2	-0.1	0.2	0.3	0
4-6.	1.9	1.4	-0.2	1.6	-0.2	0.1	-0.1	-0.6	0.3	-0.9
7-9.	-2.4	-0.5	-0.2	-1.7	0.6	0.2	-0.4	-0.6	-1	0.5
10-12.	1.9	0.9	0.1	1.7.	0.1.	0.6	-0.3	-1.2	0.7	-1.9

＊国内総生産(支出側)に対する寄与度　　　　　　　　　　　出所：内閣府

用語の言い換え

表中用語	民間最終消費支出	民間住宅	民間企業設備	民間在庫品増加	政府最終消費支出	公的固定資本形成	公的在庫品増加	純輸出
一般的な呼び名	家計消費	住宅投資	設備投資	民間在庫	政府消費	公共事業	公的在庫	純輸出

第3章　データを分解する

たとえば、**図3-4**の中の2017年7〜9月期には、GDPは2.5％も伸びていますが、うち1.7％分は民間在庫の伸びによって支えられています。肝心の個人消費はマイナス1.8％と大きく足を引っ張っているのです。これなどは、「本当は増やしたくなかったんだけど、売れなかったので不本意にも増えてしまった」という在庫増です。そしてその在庫がGDPの値を引き上げることになったのです。

　あるいは、2018年7〜9月期には個人消費も企業の設備投資も大きく後退したため、GDPもマイナス2.4％と急減していますが、民間在庫が多少増えたことでGDPの落ち込みをある程度カバーしたという皮肉な結果となっています。

内需拡大で輸入増えればGDPは減少

　GDPのだまし（？）はこれだけではありません。突然ですが、ここでクイズです。前四半期に比べてわが国の輸入が増えたとします。それ以外のGDP（国内総生産）の構成項目（データ＝個人消費、民間設備投資、公共事業等）にはまったく変化はありませんでした。さて、この場合、GDPは増えた？　それとも減った？

　意外に思われるかもしれませんが、実はこの場合、GDPは減るのです。たとえ輸入の増加が国内の個人、企業の積極的な消費、設備投資（つまり国内需要の増加）によるものであったとしてもです。

　なぜでしょうか？　**現行のGDP統計では輸出がプラス、輸入はマイナス要因としてカウントされるからです**。輸入増は「その分だけ国内の需要は国内の生産では賄えなかった⇒国内の生産力は相対的に弱い」とみなされるのです。しかし、これは生活実感からはちょっとずれていますね。これがGDP統計を見るうえでの2つ目のポイントです。

GDPは、はたして国民の幸福を表すのか？

　GDP統計の生みの親は、「クズネッツサイクル」（景気循環の一種：建設物の循環による20年を1サイクルとする経済サイクル）で知られるクズネッツ氏。1930年前後の世界恐慌の真っただ中で、時の米政府が有効な経済施策を打つために、経済実体を具体的な数値として把握する必要があったのですが、それに応えて生み出されたのがGDPという統計だったのです。

そして、ほかならぬ氏自身が、**GDP統計は単に生産額を測るだけであり、福祉や豊かさの度合いは考慮できない**——と評しているのです。

「GDPは、はたして国民の幸福を表すのか？」という議論が未だにありますが、何のことはない。すでに100年近く前に、これを考案した人がそのデータの限界を正しく指摘していたのです。

統計には特有の癖（その多くは「みなし」）があります。これは経済統計データを見るうえではとても大事なことです。みなしとは、「必ずしも実態を正しく反映していないかもしれないが、実務上そう"みなして"計算することになっている」というものなのです。

第3章　データを分解する

05 | 同じ「雇用者1人」といっても まるで意味が違う！

国全体の成長率＝就業者数×労働時間×労働生産性

雇用関連データを正しく読み、その本質を知るには「労働時間」という要素を考慮することが絶対必要。ここで取り上げるテーマがこれです。

雇用・労働分野での経済データとして一般的に取り上げられるのは、失業率、求人倍率、就業者数、雇用者数です。しかし、ここには肝心の「労働時間」という要素がまったく登場しません。

時間を考慮しないままではじき出されたデータは、往々にして現実の経済社会を正しく反映しません。これだけでは、雇用をめぐる本質は見えてこないのです。どうすればいいでしょうか。

職に就いているすべての人が、一定期間にどれだけ働いたかという**総労働時間**こそが、その国の成長率を決める基本です。

国全体の成長率＝就業者数×労働時間×労働生産性

労働生産性とは、単位時間あたりどれだけ価値のある生産物が生み出せるかという指標ですが、これはいったん脇に置きましょう。

ここで問題にしたいのは労働時間です。経済成長を決めるのは総人口でもなく、生産年齢人口でもなく、あるいは就業者・雇用者数が決めるのでもなく、**「就業者数×1人あたりの平均労働時間」**が決定的に重要です。

個人レベルで見ても、生活の豊かさは表向きの賃金だけではなく、**「それを稼ぐために、どれだけの時間を費やしたか」**が重要です。わかりやすく言えば、**「牛丼1杯にありつくためには、どれだけの時間働けばいいか」**——ということです。これが基本的に生活の質を決めます。

きれいに右肩下がりな「労働時間」

これを理解するには、次のような素朴な光景をイメージすることから始めればい

◆図3-5-1

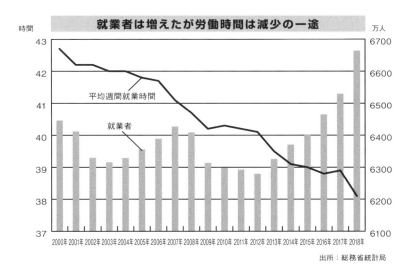

出所:総務省統計局

いと思うのです。

お父さんは「働き方改革」で、月に50時間はあった残業時間が20時間に短縮化。当然、賃金総額は減ります。そこで、かねてより仕事を探していたお母さんが、週2回＝4時間(月20時間)のパート勤務を始めました。この世帯では就業者が1人増えたわけです。でも、この家庭の総労働時間は10時間減りました。お母さんの時給はお父さんの時給より低く、この世帯の収入はさらに減りました。

この場合、統計データのうえでは「失業率は下がり」、「就業者は増えた」ことになります。しかし、「就業時間は減り」「収入は減った」のです。

実はこれが、わが国が今おかれている状況なのです。では、まず「労働時間」を調べてみることにしましょう。

総務省の「労働力調査」には、就業者数並びに「週間就業時間」のデータがあります。これを表したのが図3-5-1です。総務省統計では「労働時間」ではなく「就業時間」と呼ぶため、以降はこの言葉を用います。

まずは、就業時間がきれいになだらかな右肩下がりです。この間には、世界経済もリーマンショックに伴う大きな波をくぐり、景気のアップダウンもあり、わが国では政権交代があり、驚天動地の大地震を3回にわたって経験してきたのです。そ

れにもかかわらず、そんなことにはおかまいなしに、**就業者1人あたりの働く時間は実にコンスタントに減ってきているのです。**

その理由の過半はパート、アルバイト、派遣などの就業者全体に占めるシェアが上昇してきたこと。彼らの多くはフルタイムではなくパートタイムで、平均的な労働時間は短いです。

人を雇う側も「多少景気が良くなったにせよ、いつまで続くかわからない。デジタル技術や人工知能の発達で機械化、無人化が進むだろう」「パート、アルバイトだと、よりきめ細かく労働力を調整できる」と考えたのです。

生活の質＝ちゃんと食べていくのに必要な労働時間

では、日本国内で仕事をしている人全体の総就業時間はどうなったでしょうか？これも、**図3-5-2**でわかります。これは就業者数に1人あたりの平均就業時間をかけたものです。データは1週間あたりのものです。

2000年には日本全体で27億時間働いていたのが、今は25億時間。さすがにアベノミクスで就業者が増えたことで、やっと総就業時間の減少にブレーキがかかった格好です。

◆図3-5-2

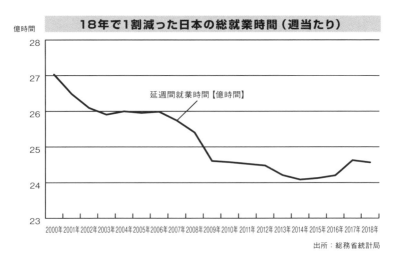

出所：総務省統計局

それでも2000年時点から見れば、日本全体での労働時間は1割減っています。

このように、労働時間という要素に目を向けてみると、**わが国では期せずして「ワークシェアリング」が進んでいる**とみなすこともできます。

「ワークシェアリング」とは、労働者1人あたりの労働時間を短縮することにより、社会全体の雇用者数を増やすこと。景気の悪化で仕事が減った場合には、ワークシェアリングによって失業者を減らすことができます。北欧の労働運動から発生した考え方です。安倍政権は「ワークシェアリング」などとは言いませんが、現実にはそれに近い状況が生まれていると考えることができます。

18年間で1人あたりの就業時間が12%減った一方で、就業者は6450万人から6660万人へと3.3%増えたに過ぎないのです。総就業時間が減っているのは当たり前です。**図3-5-2**がそれを示しています。

雇用問題においては「時間」という要素が重要だということはおわかりいただけたと思います。

以上の図2つを合わせて見ると、近年にいたり労働市場の構造が大きく変化してきたことが良くわかります。

すなわち、特に2012年以降は就業者が増加する一方で、1人あたりの労働時間が急速に減少しているのです。

これは、この間の雇用者の増加のほとんどがパートタイマーなどの非正規労働者の増加によるものであることを示しているのです。

今や失業率が下がり、求人倍率が上がっているからといって、単純に雇用環境は好転⇒景気は回復基調、と即断するわけにはいきません。つまり、これらのデータの改善は「労働時間」という要素を加味し、大幅に修正したうえで読まなければなりません。

「雇用の質」なんていう抽象的な言葉が使われることがありますが、なんのことはない。**まともに食っていくためには1日に、あるいは1ヶ月にどれだけの時間働かなければならないのかが、基本的にその人の生活の質を決めます。**

今はアルバイトでも1時間働けば、「朝食＋昼定食」くらいにはありつけますが、私が学生だった頃には、お好み焼き屋で1時間働いてもらった時給100円では、学生食堂のカレーライスがせいぜいでした。そこへ行くと、今だと1時間コンビニか食堂で働けば1000円。これだと2食分くらいはOKです。

これが、豊かになることの基本です。

第3章 データを分解する

COLUMN 05

「輸出主導」での経済回復って、企業ががんばった結果なの?

　安倍首相が2度目の政権についてから2018年末でまる6年、この間の成長はいったい何によって支えられていたのでしょうか?
　個人消費が支えたなんて、とてもじゃないが考えられません。では、「企業が設備投資に積極的になった」……それも疑わしい。
　さて、その答えは右の表をご覧になれば一目瞭然です。
　この間の経済成長の過半は、輸出主導だったことが明らかです。「輸出主導」という言葉は良く新聞報道や解説記事などでもお目にかかります。ですが、この「輸出主導」という言葉はちょっと誤解されがちです。
　わが国の企業ががんばって売った、あるいは製品の輸出競争力が高まった、と判断される方が多いと想像します。しかしこれはちょっと違います。
　輸出の増減を決める最大の要因は「海外の景気」です。一般の商取引でもそうです。売ろうと思っても買いがなければ売れません。つまり、取引量を決定するのはまずは「買い需要の大きさ」なのです。
　もちろん付加価値の高い日本の企業でしか作れない新製品の輸出が伸びたという要素もありますが、基本は需要の大きさです。そうでなければ年によってこれだけ輸出が変動することはありません。
　こんなふうに見れば、この6年間のわが国の経済成長はその過半

わが国の実質GDP

出所：内閣府　　　　　　　　　　　　　　　　　　　　　（前年比：%）

	国内総生産	民間最終消費	民間企業設備	政府消費投	輸出	そのほか
2013年	2	1.4	0.5	0.6	0.1	-0.6
2013年	0.4	-0.5	0.8	0.1	1.5	-1.5
2013年	1.2	-0.1	0.5	0.2	0.5	0.1
2013年	0.6	-0.1	-0.2	0.3	0.3	0.3
2013年	1.9	0.6	0.6	0.1	1.1	-0.5
2013年	0.8	0.2	0.6	0	0.6	-0.6
平均	1.2	0.3	0.5	0.2	0.7	-0.5

※数値はいずれもGDPに対する寄与度。各要素を足せば「国民総生産」の伸び率に等しくなる

が、輸出の伸び＝世界景気、に支えられていた、と見たほうがいいのです。

　本書では数ヶ所で「世界景気の動きを参照しないで日本の景気を論じることは間違い」という考え方をご紹介してあります。特に5章1項「比較する前提条件や時代背景は同じか？」の箇所では世界経済と日本経済がいかに密接にリンクしているかをグラフで示しておきました。

　こうした事実を踏まえれば、アベノミクス時代を通じたわが国の成長率の過半は、世界景気に引っ張られたのだと見ざるを得ません。

COLUMN
06

<グラフトリック その3>
それは基準時のとり方いかんです

　「ほら、近年ではアベノミクスの効果もあって、NYダウより日経平均のほうが上昇率は高いでしょ？」と左下のグラフを見せられたとしましょう。さて、あなたもそう思うでしょうか？　実は、これも騙しのテクニックとしては古典的な方法です。

　このグラフでは、2012年10月時点を100とした指数で示されていて、確かに日経平均株価のほうが圧倒的に高いパフォーマンスを示しているように見えます。

　では、指数の基準時を変えてみましょう。右下のグラフのように2013年5月に変えてみると、あら不思議。ともに順調に上昇、2017年ではむしろ米国株のほうが調子が良いと読めますね。

　これは、前後に比べて一段低いところを起点（基準）にすれば、データのその後の上昇度合いの高さを強調して見せることができる、というのがポイントなのです。

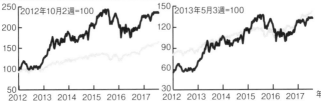

圧倒的にパフォーマンスの悪いNYダウ？　ともに健闘している日経平均とNYダウ

Limits

第 4 章

データの限界を知る

消費者物価指数やGDPなどの超有名な経済数字。でも、良く使われているからと言って、その指標が経済の動きを忠実に表しているとは限りません。多くのデータや指標にはそれぞれの問題点や限界があるのです。

01 | 政府自身が公的データを疑う理由

財務大臣が基幹統計について疑義を表明!?

2015年10月と言えば、アベノミクスが事実上スタートしてから2年半が経過した頃です。

経済政策というものは、実施されてからその効果が出始めるまでには1年や2年はかかるというのが常識です。政府が直接支出する財政政策は、割合早くその効果が現れるのですが、金融政策などは早くても1年はかかるのが普通です。

2013年以来、かつてないほどの大々的な金融緩和を行い、円安が進み、株価も大幅に上がったにもかかわらず、2015年半ば時点では日本の景気はそれほど良くありませんでした(図4-1-1参照)。

2014年4月に実施された消費増税の後の景気の持ち直しも予想よりはるかに鈍く、多くのアンケート結果では、「景気が回復した実感はない」と感じる人が、7～8割にも上っていた時期です。

こんなときに、当時の麻生財務担当大臣が経済財政諮問会議で、いくつかの基幹統計について疑義を表明したのです。「企業収益などの動向——基礎統計のさらなる充実について」という提議がそれでした。

◆図4-1-1

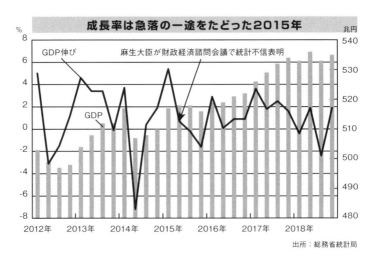

出所:総務省統計局

経済諮問会議と言えば、内閣府に設置されている会議の1つで、首相の諮問を受け、経済財政全般に関する重要な事柄について調査・審議するためのもの。

かつては官僚主導で行われてきた予算編成などの財政政策を、政治主導に移行することを象徴する協議機関です。この会議で決議された内容が、いわゆる骨太の方針として政府が行う経済財政政策の基本骨格となるものです。

問題提起された指標とその内容とは？

さて、この席上で問題提起された指標とその内容は以下のとおりでした。いずれもGDPを算出するにあたり中心的な統計が取り上げられたのです。

1つは、GDPの6割近くを占める民間最終消費支出の実態を推計するための**「家計調査」**（総務庁発表）です。これは名が示すとおり、家計世帯を対象とした調査です。

ここで集計された個人消費のデータと、小売店などの供給者側で調べた統計である**「小売業販売統計」**（経済産業省）とのかい離幅が、近年拡大していることが指摘されたのです。

図4-1-2で見るとおり、特に2014年半ば以降、その差は拡大傾向にありました。

その理由の1つは、後者（小売業販売統計）は個人以外の事業者による消費や訪日外国人客等の消費が含まれているのに、前者（家計調査）はそれを含んでいないことにありました。また、家計調査は60歳以上の高齢者の回答比率が高いため、高齢者の消費に重心がかかりがちであるという点も指摘されたのです。実際、家計調査では60歳以上の世帯からの回答比率が全体の50％を超えています。

また、雇用・賃金環境を測るうえできわめて重要な**「毎月勤労統計」**（厚生労働省）では、たとえば現金給与総額のデータが、2015年1月のサンプル入れ替えにより段差が生じたことが問題視されました。つまり、入れ替え時に行われたそれ以前のデータへさかのぼって改定されたことにより、すでに発表済みの既存データから大幅に下方修正された点が指摘されたのです。

図4-1-2で見るとおり、旧サンプルに基づくデータに比べ、補正後のデータは全般にその伸び率が低く算出されています。このサンプル入れ替えに伴うデータの信憑性への疑念は、2019年1月に至り、同じく毎月勤労統計調査のデータについて盛んに議論されたことは記憶に新しいところです。

また、**「消費者物価指数」**（総務省統計局）についても、いくつかの問題が提起さ

第4章 データの限界を知る

◆図4-1-2

基礎統計のさらなる充実について

経済情勢を的確に把握するために、GDPを推計するもととなる基礎統計の充実に努める必要があるのではないか。

家計調査：GDPの6割を占める民間最終消費支出の動向を決定
供給側統計の商業動態統計との乖離幅が拡大しているのではないか。

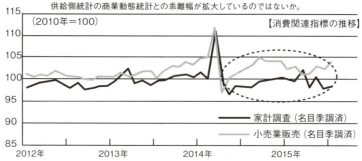

【消費関連指標の推移】

毎月勤労統計：雇用者の賃金動向を示す
事業所サンプルの入れ替え時に「非連続な動き（数値のギャップ）」が生じているのではないか。

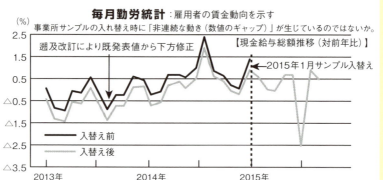

【現金給与総額推移（対前年比）】

消費者物価指数：消費支出や賃金デフレーター
インターネット通販市場が拡大しているにもかかわらず、家電をはじめほとんどの商品についてネット販売価格が加味されていないのではないか。

出所：第16回経済財政諮問会議説明資料4より

れました。たとえば、インターネットを通じた市場が急拡大しているにもかかわらず、家電を始めほとんどの品目でネット販売価格が加味されていないのは問題だとの指摘がありました。

さらには、GDP統計においては重要な位置を占める民間住宅投資の基礎資料となる**「建築着工統計調査」（国土交通省）**において、増加傾向にあるリフォームやリノベーションなどの補足比率が低いのではないか、との提言が行われています。

ただし、ここで留意すべきことがあります。それは、以上のいずれの指摘も、「現在の統計データは経済実態に比べて弱い」という認識に基づいていることです。言い換えれば、**「せっかくアベノミクスで経済実態は改善されている（はずである）」のに、「それが現統計データには必ずしも反映されていない。出る数字が低すぎる」**という認識に基づいていたのです。

家計調査から明らかになる個人消費は小売販売額よりも低く、毎月勤労統計における現金給与総額はサンプル入れ替え後に下がっていました。あるいはリフォームなどが十分反映されていない建築着工統計は、数値が低く算出される傾向があります。

これらはいずれもGDPデータを引き下げる要因であり、政府にとっては不都合だったのです。

この麻生大臣の提議を受けて、その後政府統計の見直しに向けて本格的な論議が行われることになりました。しかし、その後まだ結論が得られないまま、2019年1月に至り、毎月勤労統計などの多くの政府統計に重大な瑕疵があることが改めて明るみに出ることになったのです。

02 | 政府が新しい指標を持ち出したら、その真意を疑う

あのGNI（国民総所得）というデータはどこへ行った？

　安倍首相が2度目の政権の座についたのは2012年暮れ。
　それからまもない2013年6月、突如として「10年後までに1人あたり**国民総所得（GNI）を150万円増やす**」と首相自らが宣言したのです。アベノミクスの3本の柱の1つとされた成長戦略を語る講演の席上でした。
　その後、閣議決定されたいわゆる骨太の方針（政府の経済、財政政策の基本方針）でも、経済成長の目標として掲げられたのがこのGNIでした。
　たぶん多くの人が「？？」となったはずです。「だって、経済成長率を測る物差しはGDPでしょ？」と。
　さて、それから6年近くを経たのですが、その後安倍政権はこのGNIという用語を封印してしまったかのようです。新聞紙上にもGNIという言葉はほとんど登場しません。
　政府は、公式の場ではGNIなる概念を使わなくなったのです。GNIとは何だったのか？
　私たちが一般的に成長率の指標として見ているGDPと何が違うのでしょうか？

「国内」か「国民」か、「生産」か「所得」か

　GDP（国内総生産）とは、「Gross Domestic Product」のこと。つまり、国内で生産された経済的な付加価値額が1年あたりどの程度であるかを示すものです。それに対して、GNIは「Gross National Income」（国民総所得）です。
　違いは「国内」か「国民」か、そして「生産」か「所得」かです。
　まず、私たちになじみ深いGDPには、ブラジル国籍の人が埼玉のスバル工場で働いた生産分（a）も含まれています。日本国内で生産されたものだから「国内生産」ですね。しかし、これは日本国民の所得ではないので、GNIにはカウントされません。
　一方、トヨタ自動車のカナダの現地法人に勤める日本人が稼いで得た収益（b）は「日本国民の所得」なのでGNIに算入されます。しかし、「国内の生産」を意味

GDPとGNIのちがい

国内で生産された付加価値
国内総生産

（経済規模が大きくみえる）

国民総所得

海外で働く日本人の収益も算入される

（政権スタート時に）
都合よく使われてしまったGNI

第4章 データの限界を知る

する日本のGDPにはカウントされないのです。

GDP「国内生産」よりもGNI「国民所得」の伸びが高いと期待

さて、(a) と (b) のうちどちらが多いでしょうか？ ここがポイントです。

わが国は長引く円高デフレ経済のもと、多くのメーカーが海外に生産拠点を移した結果、海外での生産がドンドン増えました。

特にリーマンショック後の急激な円高による輸出競争力の低下を避けるために、この動きが一気に加速したのです。

つまり、上の例で言うと (b) がドンドン増えた。

一方、海外の企業による日本国内への生産拠点の移転等はそれほど増えてはいません。つまり、(a) はそれほど増えていません。

このため、**GDPよりGNIでカウントしたほうが日本の経済規模は大きく表示されることは当然として、わが国の企業の海外進出が進むことで、GNIの伸び方がより大きくなると期待された**のです。

さらには人口の減少を背景に、日本の国内需要は縮小し、それをあてにした生産は伸びないという予想も働きました。こうした予想のもとでは、GDP「国内生産」よりもGNI「国民所得」の伸び率のほうが高くなるはずと期待されたのでした。

アベノミクスの成果にGNIのデータを使う意味がなくなってきた

ただし、P「生産」とI「所得」を考えるときに、もう1つだけ大事なことがあります。

それは、たとえばわが国が大量に輸入している原油等の原材料の価格が上がれば、それだけ海外への支払いが増えるということ。これは「生産」には直接関係ありませんが「所得」には影響します。

つまり、原油価格が上がって海外への支払いが増えてもGDPは変わりませんが、GNIは減ります。逆に、わが国が輸出する自動車の性能が上がって高価格で輸出できるようになると、日本国民が得る所得は増えます。つまり、GNIの増加につながるのです。これを交易条件といいます。一般に、輸出価格指数を輸入価格指数で割って算出されます。

図4-2のとおり、安倍首相が「GNIを増やす」と宣言した2013年6月頃は

◆図4-2

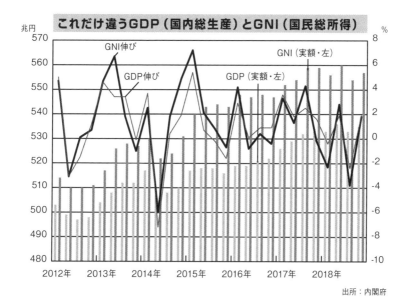

出所：内閣府

GDPが494兆円であるのに対し、GNIで507兆円です。さらに、2013年半ばには一時的にGNIの伸びが一段高くなっています。

しかし、その後の2016年までは通期で見ると、GNIはGDPとほぼ同じピッチで動いているものの、2016年以降はGNIの伸びのほうが旗色は悪くなっています。この時期に原油価格などが上昇したために、交易条件が悪化してきたことが原因の1つです。世界景気の伸びが鈍ってきたために、海外生産が伸び悩んでいることも一因です。

つまり、もうこの頃には、**アベノミクスの成果を印象づけるためにGNIのデータを使う意味がなくなってきた**ことに気づいたのかもしれません。

その時々の経済状況に合わせてGDPを用いたりGNIで成長率を説明したり、といったことは褒められた話ではありません。これは当然のこと。

とは言え、GDPの発表時には、新聞紙上等でもGDPと並んでGNIのデータが報じられてもいいのではないかと思います。GNIは「国民」「所得」を測るうえではとても重要な指標なのですから。

COLUMN
07

突如新しい物価指標「日銀コア」指数を持ち出してきた日銀

　都合のいいデータを持ち出すのは政府だけではありません。日本銀行もかつて「日銀コア」と称された指標を突如持ち出したことがあります。2015年のことです。

　私たちが一般にこれが消費者物価だ、と見ているのが「消費者物価指数（生鮮食品を除く）」です。これには、エネルギー価格が含まれており、海外での原油価格の動きに大きく左右されます。しかも、中東地域などでの地政学的リスクなどで不規則に動く。そこで日銀は、エネルギー価格を除外した消費者指数を重要な参考にしたい、と表明したのです。それはそれで理屈が通っています。

　しかし、あらためて観察すると、この時期は原油価格が下がっており、原油価格を含む指数は低下していました。ですので、エネルギー価格を差し引いた指数のほうが高く表示できます。「2％インフレ目標」が達成されそうにないことに悩む日銀にとっては、「エネルギーを除く」物価指数のほうが上昇率が高く、都合が良かったのです。グラフはこのことを良く示しています。

　しかしその後、2016年以降は原油価格が上昇。2つの指数は逆転したのです。そこで日銀はもう「エネルギーを除く」の指数を持ち出そうとはしなくなりました。

　もうひとつ。私はちょっとびっくりしたのですが、日銀のインフレ目標として設定されている「消費者物価指数」の概念が途中で変

更されていたのです。しかし、専門家でもこれをきちんと認識していた人はほとんどいなかったのです。どういうことか？

2013年、日本銀行が当初2％インフレ目標を打ち出したときには「消費者物価（総合）」と規定していました。それが、2016年9月になって突如「消費者物価（生鮮食品除く総合）」としたのです。私にはそれが新聞などで報じられた記憶はありません。

日銀は、どの物価指数をベースに2％インフレ目標を掲げているのかを、もう少し明確に説明する義務があると思います。

03 | 「時間」抜きデータの限界を知る

「時間あたり賃金」に注目してみると……

　米国のFRB議長を2014～2018年にかけて勤め上げたジャネット・イエレン氏といえば、夫でノーベル経済学賞受賞者のジョージ・アカロフ氏とともに労働経済学の大家とされる学者です。それだけに、雇用・労働の分野を見る目は特に厳しかったはずです。

　失業率や雇用者数の増減のほかに、長期失業者数、求職を諦めた潜在的な失業者数、それに**時間あたり賃金**などにも注意を向ける必要があることを常々説いていました。

　特に任期後半には、家計消費が期待以下にとどまっている理由は、「時間あたり賃金」の伸びが鈍いためではないかと考えていた節があります。

　さて、ここで「時間あたり賃金」という概念に目を移せば、現在のわが国の雇用環境、雇用状況はどんな風景として見えてくるでしょうか。

　わが国で勤労者の生活レベルにもっとも大きな影響を与える賃金データといえば、一般には「実質賃金指数」が取り上げられるのが常です。

　図4-3-1がそれですが、1997年の115.7から2018年の101.0まで13％下落しています（2015年＝100）。ほぼ毎年0.6％のピッチで低下してきたのです。

◆図4-3-1

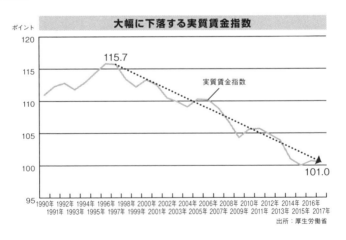

本書の095ページでは、「実質賃金の下落とは、ある任意の勤労者の賃金がこのピッチで減少してきたのではない」「勤労者全体で見ると、低賃金のパートタイマー等が急増したことが全体の賃金水準を下げた」と説明しました。つまり、全雇用者の平均的な賃金（という架空の数値）が下がってきたというわけです。とはいえ、これほど急激に実質賃金が下落してくれば、消費が伸びないのは当然です。

さて、政府の経済政策でも最重要テーマである賃金を問題にする場合、実質賃金の動きだけでそれを判断していいでしょうか。

2010年以降、「賃金」の下落＝「時間あたり賃金」の下落

さあ、ここまでくれば、米国のイエレンFRB議長が取り上げた「時間あたり賃金」というファクターにお気づきのはずです。

労働者が労働力をどの程度の価格で所属企業に売っているか、という観点から賃金を見れば、**「時間あたり賃金」のほうがより実質的な賃金の指標**だとは言えないでしょうか？

図4-3-2は、1990年以降の現金給与総額（所定内給与のほか賞与などを含む）の動き（名目値）とともに、総実労働時間の動きを重ね合わせて描いたものです。

ピークであった1997年の37万1670円から、2018年には32万3553円まで減少

第4章 データの限界を知る

◆図4-3-2

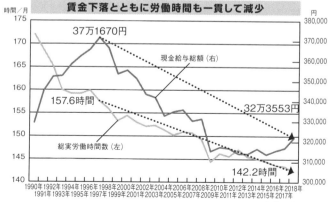

出所：厚生労働省

◆図4-3-3

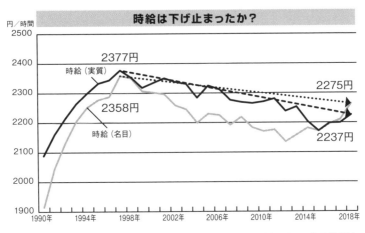

出所：厚生労働省と総務省のデータに基づき筆者算出

しています。

しかし、一方では労働時間もこの間に157.6時間から142.2時間まで減っていることに留意してください。

その結果、時間あたりの賃金は**図4-3-3**にあるとおり、2358円から2275円へと4％の下落にとどまっています。

以上はいずれも名目金額であることを覚えておいてください。

一方、この間の物価変動を加味すればどうなるでしょうか？

実は、1997年と2018年の消費者物価指数を見ると、99.2から101.7と上昇しているのです。

このため、実質的な時間あたり賃金の下落率は6％と名目時間給よりも大きくなっているのは当然です。

昨今では、労使交渉におけるメニューには、賃金だけではなく労働時間の短縮化が含まれるのが一般的です。

もちろん、ワークライフバランスという考え方が急速にコンセンサスを得始めていることも理由のひとつです。

そんな意味からも、以上のような**労働時間を加味したうえでの実質賃金**という考え方がより広範に使われることを期待したいものです。

COLUMN 08

あなたの「秒給」はいくら？

　小難しい話が続きましたので、ここでちょっと息抜きを！
　読者の皆さんは「時給」を意識されたことはあるでしょうか？
　会社勤めの人ですと、ご自分の時給を即答できる方は少ないと思います。しかし、コンビニ、居酒屋などで働くアルバイトの方であれば「今年4月からは、920円にアップしたよ」と即答できるはずです。
　私たちはそれぞれ自分の雇用形態に応じて、違った単位でモノゴトを認識しているのが普通です。
　プロの野球選手やプロゴルファーであれば「年収」ベースで考えているでしょうし、一般の会社勤めの方にとっては「月収」が一番身近に給与を実感できる単位です。米国系金融機関にお勤めの方であれば「週給」が一般的でしょうし、土木関係の臨時雇いの人たちであれば「日給」でしょう。では「秒給」という単位だとどうか？
　月収30万円からスタートしてみましょう。有給休暇を除いた平均的な月間の勤務日数を20日とすれば、日給は1万5000円。1日に1時間の残業込みで8時間の実労働とすれば、時間給は1875円。1時間＝3600秒ですから、秒給はおおむね0.5円です。つまり2秒ごとに自分のポケットに、あるいは目の前の貯金箱に1円玉がチャリン、と落ちるイメージです。「そんなちょっとなの？」と思いますか、「いや、結構なスピードなんだな」と思いますか？

第4章　データの限界を知る

04 | ここで言う「物価指数」とは、4つのうちのどれ？

まずは「言葉の定義」をはっきりさせよう

　かつて日産自動車企業グループに君臨した、カルロス・ゴーン氏。日産自動車のトップに就任した直後に社員に要求したことのひとつに、「(会議などで議論するに際しては) 言葉の定義をはっきりさせよ」というものがありました。そして、会議で用いられる主要な20〜30語について明確な意味を定義したといいます。

　就任当初は日本語が堪能ではなかったこと、そして文化、ビジネス環境が異なる複数の国をまたがって活動するグローバル企業で、異なる言語が日常的に飛び交っている職場を歩いてきたゴーン氏ならではの視点だったのかもしれません。

　会議などで同じ言葉を用いても、発言者によってその意味するところが異なると、議論は往々にして不毛に終わりがちです。

　翻って、経済データを報じるニュースでも、**「言葉の定義」を問い直して始めてその本質に迫れる**ケースは少なくありません。

定義の違う「消費者物価指数」がいくつもある!?

　では、経済ではとても基本的な概念である「物価」はどうでしょうか。

　実はそれが、まさに「定義」しだいでデータの数値が大きくぶれることがあるのです。場合によっては前年比で1％近く違うこともあります。

　「消費者物価指数」は大別すると4つあり、それぞれに動きは違います。

　ここでご紹介する代表的な4つの消費者物価指数のうち3つがカバーする範囲の物価を示したのが**図4-4-2**です。

　外枠（1〜3）が**「総合指数」**、(1、3) から成るのが**「生鮮食品を除く総合」**（わが国では「コア指数」と呼びます）、そして1の部分が**「生鮮食品（酒類除く）及びエネルギーを除く総合」**（コアコア指数）です。このうち私たちが一般に目にするのは、「生鮮食品を除く総合」という基準で作成されたものです。

　4つ目の「帰属家賃を除く総合」のデータについてはあとで説明します。

　代表的なものだけでも4つもあるのには、もちろん理由があります。

◆図4-4-1

消費者物価（中分類指数）表より抜粋

類・品目	総合	生鮮食品を除く総合	生鮮食品及びエネルギーを除く総合	持家の帰属家賃を除く総合
ウエイト1万分比	10000	9586	8802	8501
201801	1.4	0.9	0.4	1.7
201802	1.5	1	0.5	1.8
201803	1.1	0.9	0.5	1.3
201804	0.6	0.7	0.4	0.8
201805	0.7	0.7	0.3	0.8
201806	0.7	0.8	0.2	0.8
201807	0.9	0.8	0.3	1.1
201808	1.3	0.9	0.4	1.5
201809	1.2	1	0.4	1.4
201810	1.4	1	0.4	1.7
201811	0.8	0.9	0.3	1
201812	0.3	0.7	0.3	0.3
201901	0.2	0.8	0.4	0.2

（単位：%）
出所：総務省統計局

◆図4-4-2

消費者物価指数の内訳

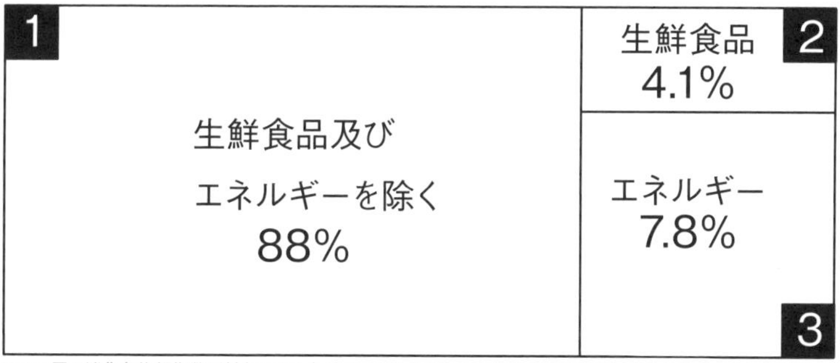

1 生鮮食品及びエネルギーを除く 88%
2 生鮮食品 4.1%
3 エネルギー 7.8%

※この図は消費者物価指数が対象とする全品目を100%とした場合の、主要な要素のシェアを示したものです
（ただし、煩雑さを避けるため帰属家賃は考慮していません）

　1つ目の理由としては、天候の影響で価格が不規則に上下する野菜などの生鮮食品を入れるかどうか。これを含めると、景気には直接関係のない理由でデータが不規則に変動します。

　2つ目は、原油などのエネルギー・資源価格などを含めるかどうか。これは、中

東アジアなどでの政治・軍事的混乱といった突発的なイベントにより影響を受けるために、これを除いたほうが景気全体のコンディションを判断するのに適当である、という考えによるものです。

3つ目は、持ち家の家賃に相当する要素を含めるかどうかです。この詳しい説明はあとに回します。

まずはデータをご覧いただきましょう。

図4-4-3のグラフを見ると、各指数の動きがずいぶん違うことがわかります。最大の原因はエネルギーを入れるかどうかです。つまり、原油価格の変動が含まれているかどうかです。「生鮮食品及びエネルギーを除く」の指数が、ほかとはまったく違った動きをしていますね。

2015年から原油価格が急速に下がり始めたあと、2016年半ば過ぎからは逆に上がり始めたため、指数によって大きいときには1％は違います。

一般にインフレ率といえば、このうち「生鮮食品を除く総合」を指します。

日銀の2％目標も基準はこれです。生鮮食品が除かれる理由は、天候の影響によ

◆図4-4-3

出所：総務省統計局

る野菜などの価格変動を除去するため。なぜなら、これは景気動向を計るうえでは、いわば不純物だと考えられているからです。

その点、エネルギーは景気動向に左右されるはず、という理由で含まれています。つまり、景気判断を行ううえで妥当であるかどうか、という判断が働いているのです。

成長率を左右する「実質賃金の上昇率」に使われる物価指数は?

これからの日本経済にとって中心的なテーマの1つが、**実質賃金の動向**です。これいかんで、個人消費が、ひいてはGDPで示される成長率が大きく左右されます。

実質賃金上昇率とは、名目賃金上昇率から物価上昇の要素を差し引いたものです。

実質賃金=名目賃金—消費者物価上昇率

ここでも、消費者物価上昇率が出てきます。しかし、ここで使われる消費者物価指数は、先ほど説明した3つのどれでもありません。

実は、**図4-4-1**の中にある「持家の帰属家賃を除く総合」が使われているのです。しかし、この物価指数が報じられることはほとんどありません。

ここでのポイントは**「帰属家賃」**。

これは、「持ち家に住んでいる人は、それが賃貸住宅であるとすればいくらの家賃を支払っているとみなせるか」という仮定に基づいて推計された物価(家賃)なのです。

持ち家に住んでいる人は、いったんそれを購入したあとは家賃を支払っているわけではありません。しかし、購入してからそれを使い切って処分するまでの全期間で考えれば、毎月、家賃相当額を支払っている(消費している)とみなすことができるのです。

しかし、これはあくまで物価指数を算出するためのみなしなので、生活実感から言えば、これは除外するのが適切だと考えられます。

そこで、実質賃金の計算では「持家の帰属家賃を除く総合」を使うというわけです。

この指数、時期によっては一般に使われる消費者物価指数とかなり違った動きをしていることがわかりますね。

05 | 実態から乖離し始めた物価指数に注意

なぜ「消費者物価指数」は生活実感と違うのか？

そもそも、経済統計データというものは完全なものではありえません。それどころか、詳しく見ていけば「はたしてこんな定義で算出されていいの？」という点も少なくありません。110ページでご紹介したGDPの癖もその一例です。

ここでは、消費者物価指数が現実を十分反映していないと考えられる理由と、生活実感から遊離しがちな理由のうち重要なポイントを示しておきます。前項でも一部説明していますが、もう少し詳しく述べておきます。

【その1】 「生鮮食品を除く」が実感を裏切る

日銀がターゲット（政策目標）としている消費者物価指数は、正確には「生鮮食品を除く総合」と呼ばれているものです（130ページ参照）。つまり、野菜、果物、魚介類等の生鮮品は一切除外されているのです。

しかし、私たちが実生活で実感する物価の動きと言えば、まずはスーパーマーケットなどでの生鮮品の価格のウエイトが高いはず。ということは、「生鮮食品を除く総合」ベースの指数が生活実感からずれるのは当然です。

「生鮮食品を除く総合」が消費者物価の指標だとされているのは、天候等の影響を除外するためです。つまり、**消費者物価指数はそもそも家計の実感を裏付けるものとしてではなく、景況感を測るための尺度として用いることを前提として計算されている**のです。

【その2】 「帰属家賃を含む」が実感を裏切る

あまり知られていないのですが、「生鮮食品を除く総合」ベースのデータには、「帰属家賃」の動きが含まれています。

帰属家賃とは、前項で説明したとおり「持家に住んでいる人も、賃貸住宅に住んでいる人の家賃と同等に、お金を払っている（消費している）とみなした家賃」の

ことです。これは賃貸住宅の家賃を基準に計算されるのですが、インフレのときでも消費者物価一般ほどには上がりません。

このため、「生鮮食品を除く総合」（つまり帰属家賃を含む）という物価指数の上昇率は生活実感に比べ低く算出されるのです。

長期で見ると、前項の図 4-4-3 にあるとおり、「生鮮食品を除く総合」ベースの指数は、「持家の帰属家賃を除く総合」より低く算出されている時期が多いことに気づきます。

【その3】 品目を5年間固定するため生活実感からずれる

消費者物価統計では、一度決めた調査対象品目、商品は向こう5年間は変更されないことになっています。

しかし私たちは、日常的に「性能はあまり変わらないけれど、今まで使っていたものより安いものが出てきた」「乗り換えよう」といった選択をしています。このため、途中でより安くて良質な石鹸や化粧品に切り替えたとしても、それはデータには反映されないのです。

このため、物価データは考慮されないために、実感よりは高めに算出されがちです。これを**「物価指数の上方バイアス」**と呼びます。

【その4】 数量の変化を考慮しないことが実感を裏切る

最近、価格は据え置きながら、斤量を少なくすることで実質的な値上げを行うという戦略が幅広く行われています。アイスクリームを120ミリリットルから110ミリリットルに減らしたり、板チョコ、チーズ等を減量したりというふうに。いつの頃からか、**「ステルス値上げ」**と呼ばれるようになりました。

これは明らかに実質値上げです。にもかかわらず、こうした事情は一切公式データには反映されません。実務的に反映させることが難しいのです。

こうした点を考慮し、斤量をもカウントしたうえで物価水準を測ろうとする新たな動きが出てきました。数年前から公表され始めた、一橋大学経済研究所が発案した**「SRI一橋単価指数」**がそれです。

スーパーマーケット業界などのPOSシステムから得られる日次データをベース

◆図4-5

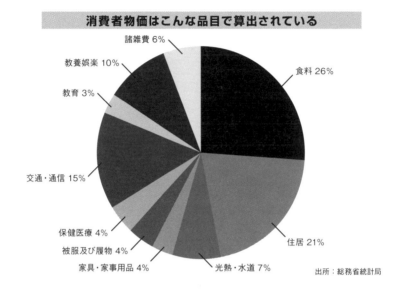

に、日々の日用雑貨、食品価格をきめ細かくフォローするというのがミソです。これによると、総務省統計局が公式に発表する「生鮮食品を除く総合」ベースのデータに比べて、より高い指数として算出されるケースが多く見られます。

【その5】 ネット市場の急拡大が反映されていない

アマゾン、楽天、ヤフオクなどのプラットフォームを通じたインターネット市場が急拡大しているにもかかわらず、**現行の消費者物価指数では、ほとんどの品目でネット販売価格が加味されていません**。これは、かつて政府自身が問題にしたように、物価統計の元になっている「家計調査」の調査対象者が総じて高齢者が多いからということもあります。つまり、高齢者はネット販売の利用が少ないため、現実の消費実態からずれがちだというわけです。

こんなふうに、現実に比べて高く、あるいは逆により低く算出される面などが入り組んでいるため、現行の消費者物価指数は実態より「高い」とか「低い」とは単純には言えないのです。

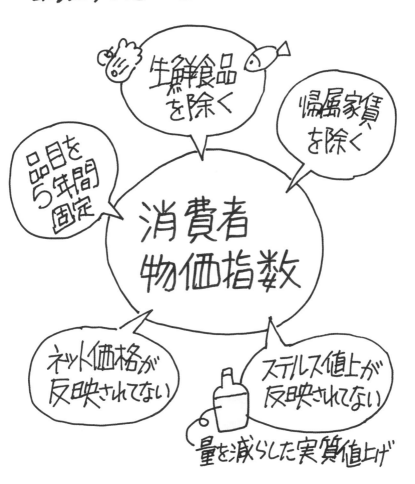

COLUMN
09

＜グラフトリック その4＞

「同じ傾き」＝「同じ変化率」ではない

　下のグラフ（ただし数字は一切なし）を見せながら、「ほら、ここ最近、米国株でも特にIT、デジタル企業が圧倒的に多いナスダック指数の伸びがすごいですね」「このとおり、過去10年間で最高の伸び率を示しているのです」「まだしばらくは高い伸びが続きそうです」――こんな説明を聞いたとします。

　「確かに、そのとおりですね」と答えた人は完全に相手の術中にはまっています。このグラフでは、最近の線の傾きが一番急ピッチであるように見えます。しかし、実際には2009年の頃のほうがはるかに上昇ピッチは速かった、と言えば驚かれるでしょうか。

　実は、2009年2月～9月には1377ポイントから2122ポイントへ54％上がっているのに対し、2016年10月～2017年5月には、5189ポイントから6198ポイントへ20％上昇したに過ぎないのです。

（原理は096ページと同じ）

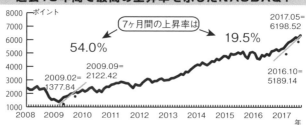

過去10年間で最高の上昇率を示したNASDAQ？

Precondition

第 5 章

データの前提条件を疑う

スポーツやゲームなどは共通のルールに従って行われます。違うルールでは成立しません。しかし、なぜか経済数字については、そのルールや前提条件が違うままに語られたり、論じられたりすることがあるのです。

01 | 比較する前提条件や時代背景は同じか？

「GDP伸び率」で、アベノミクスが民主党政権に完敗！？

2015年12月半ばに、夕刊紙『日刊ゲンダイ』に「衝撃　アベノミクス『GDP伸び率』あの民主党政権に完敗」という表題のもと、次のような記事が載りました。

「民主党の山井和則衆院議員が今月、内閣府に対して民主党政権時代と安倍政権下で実質GDPはどれだけ伸びたのかを比較できる数値を求めたところ、数値は民主党政権のほうが断然、良かったのだ。
（中略）、民主党が政権を奪取した2009年7〜9月期から、政権を明け渡す12年10〜12月期までの実質GDPの伸び率が「5.7％」だったのに対し、安倍政権が誕生（12年10〜12月期）してから3年間（15年7〜9月期）の実質GDPの伸び率は「2.4％」。（中略）
提灯メディアはアベノミクスを大々的に持ち上げているが、民主党政権に「完敗」しているのだ（以下略）。（日刊ゲンダイ2015年12月16日付）

このニュースが流れてから半日もたたないうちに、Yahoo!ニュースなどいくつかのニュースまとめサイトにも取り上げられました。確かにこの記事の言うとおり、GDPで見る限りでは「5.7％」VS「2.4％」で、アベノミクスは完敗のように見えます（当時のGDPデータに基づく（※））。
では、これを額面どおりに受け取っていいのでしょうか？
高い情報リテラシーを持つには、「情報を丸のみにせず」「批評的に読む」ことが決定的に重要です。特に昨今のように、さまざまなネットサイトで玉石混交のブログ情報やリンク元不明の多くの記事が飛び交っている中での「丸のみ」は危険です。

日本の「GDP成長率」だけを単純に比較しても……

さて、この記事はどうでしょうか？　少なくとも私が見た限りでは、この記事に正しく反応した論評は見当たりませんでした。
今のご時世、ある政権が行う経済・金融政策が、その国の経済成長率をコントロールする能力は相当低下してきています。金融政策もしかり。海外事情から甚大な影

響を受けざるを得ないのです。

これが経済のグローバル化です。つまり、**日本の景気の半分以上は海外事情で決まります。**

136ページで取り上げた消費者物価は、今やほとんど国内の需給バランスでは決まりません。日本の消費者物価の基調は、海外発の原油、鉄鉱石、レアメタル、穀物などの国際商品市況とドル円相場で決まります。

ここまで言うとおわかりだと思います。上記記事にある民主党政権時と安倍政権時における世界経済の動向を不問に付して、日本の「GDP成長率」だけを単純に比較しても、それぞれの政権の経済政策の優劣なんて付けられっこないのです。

世界経済との連動性が高まっている日本経済

世界経済の動きを見るために、IMF（国際通貨基金）のデータを参照してみたのが**図5-1-1**です（いずれも前年比）。

図で示したとおり、民主党政権時代とそれを引き継いだ安倍政権時代とでは、世界経済の基本的なコンディションがまったく異なります。

◆図5-1-1

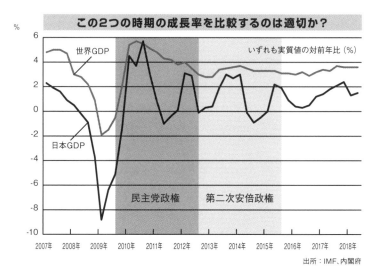

出所：IMF、内閣府

民主党政権が発足した2009年7～9月期といえば、その前年に勃発したリーマンショックから這い上がる中で、世界経済は相当の高成長を果たした時期にあたります。実際、世界GDPは2010年第Ⅰ四半期から第Ⅳ四半期に至るまでの成長率は前年比5％以上と極めて高い水準にあります。
　それに対してアベノミクス開始時には、すでにその揺り戻しは一巡してからだいぶ後のことでした。
　ここで、もう少し長期にわたる世界と日本のGDPの姿を年ベースで描いたグラフ（**図5-1-2**）をご覧ください。
　少なくともGDPで見る限り、日本経済と世界経済との波はこの程度には密接に関連しています。
　わが国の経済は、他の多くの国々と同様、世界経済の一連の仕組みの中にガッチリ組み込まれています。
　「中国経済の後退によりわが国の成長率は鈍化」
　「米国の内需が順調に伸びていることを背景に輸出が伸び」
　「中東の地政学的リスクの高まりで、原油価格が上昇、これがわが国の成長率を

◆図5-1-2

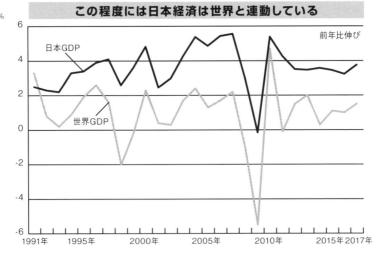

出所：IMF

引き下げかねない」
といった情報が当たり前に飛び交う時代です。
　こうしたグローバリズムが世界中に浸透し尽くした現代にあっては、日本経済の成長の首根っこは世界経済に抑えられています。一国の政治、経済政策が果たす効力は20年、30年前に比べて格段に落ちているのです。

　※　GDPデータの算出基準は2016年12月に変更されました。したがって、本項で取り上げた時点での議論は、旧基準でのGDPデータに基づくものだったのですが、ここでは現行基準でのGDPデータを示してあります。現行基準のGDPデータで見ても議論の本質にはほとんど影響ないと考えられるからです。

世界経済の動向を抜きにして、日本経済は評価できない

　であれば、そのときに**世界経済がどのような状況であったかを参照したうえでなければ、わが日本の経済政策の評価はできない**はずなのです。
　世界経済全体の動向をワザと無視して、単なる表面上の数値（データ）だけで、政策の優劣が論じられることは少なくありません。
　たとえば、黒田日銀総裁が登場する以前の日銀の政策に批判的な言動で知られる、ある高名な経済学者が、白川日銀総裁時代の日銀の政策と、2013年から登場した黒田総裁のもとでの日銀の政策効果を比べて、次のように言いました（以下要旨のみ）。
　「日銀の主要な政策目標は、物価の安定化と失業率の改善である。インフレ率で見ても失業率で見ても、白川総裁時代よりも黒田総裁時代の日銀のほうが政策効果が高かったのは明らかだ」
　ここでも、前提となる因果関係は「日銀の政策」が原因であり、「物価」「失業率」は結果です。しかし、白川総裁時代（2009年〜2013年3月）と黒田総裁時代（2013年3月〜）とでは、時代背景がまったく異なります。
　現在のように世界経済が強くリンクしながら動くグローバル経済にあって、世界経済の動向がまったく異なる時期であることに気づかぬ振りをして、金融政策効果を単純に比較するなどということは、明らかにおかしいのです。

第5章　データの前提条件を疑う

02 | 株価にも名目と実質があり

物価水準を考慮した「実質値」

　私が最初の会社（債券・金融専門の新聞社）に勤め始めたときの初任給は10万円でした。1975年8月のことです。

　たとえば現在の月収が、この5倍の50万円だとして、私は「5倍生活が豊かに、楽になった」のでしょうか——違います。何しろ物価水準がその頃とはまったく異なるのですから。

　あの頃はラーメン一杯が200円程度だったのに対して、現在は700円くらい。とすれば、ラーメン購買力（！）から見る限り、私の実質的な所得は5倍ではなく、4割くらいしか増えていないのです。

　つまり、**中長期にわたって価額や指数を比較するに際しては、物価で調整することにより、初めてその実質的な意味がわかる**のです。

なぜか「名目値」でしか語られない"株価"や"金の値段"

　しかし、こと株価については、もっぱら名目値のみで語られるのが常です。
　私たちは、経済的なものの価値には物価水準を考慮しない名目上の価値と、物価水準を考えに入れたうえでの実質値があることは、概念として良く知っています。それなのに、「日経平均株価は27年前の水準を回復した」といったニュースに接するときには、こんな常識をつい忘れていることが多いものです。

　「2018年9月に2万4000円台まで戻った日経平均株価は1991年の水準を回復した。27年ぶり」。もちろんこれは間違いのない事実です。

　ところが、たとえば多くの人が購入している日経225連動型インデックスファンド。これは、原則としてこの日経平均株価に連動するように設計・運用されている投資信託です。

　つまり、コストを除けばおおむね日経平均株価と同じ動きをします。この場合、同じように動いて27年前の水準に戻ったからといって、「27年前の価値を取り戻した」と評価するわけにはいきません。

　この間に物価が上がっているのであれば、その投資信託の本当の価値は27年前と同じだとは言えないのです。**図5-2-1**でわかるとおり、この間に物価は10%く

◆図5-2-1

出所：総務省統計局、日本経済新聞

らい上がっています。ということは、日経平均株価が同じであっても、その実質的な価値は10％下がった、とみなすべきなのです。

これは、金（きん）の価格についても同じです。金は一般に「インフレに強い」「中東で紛争が始まったりすると価格が上がる」とされ、いざというときには頼れる金融資産だとみなされています。

その投資資産としての金の小売価格がもっとも高かったのは1980年のこと。グラムあたり6000円でした。

そこで、「今は1500円くらいだから、あの当時の4分の1に過ぎないよね」ということになりますが、そんなもんじゃありません。このときの消費者物価は今の3分の1くらい。ということは、今の金の本当の価値は12分の1とみなしたほうがいいのです。

私たちは給与については、「物価が上がっているでしょ。その分差し引かなければね」と反応します。にもかかわらず、株価や金の値段などについては、ともすればそんな常識を忘れてしまいます。

株価や金価格については、表面上の数字だけでその高低を判断してしまいがちな

第5章　データの前提条件を疑う

のです。

「消費者物価指数」では、多くの耐久消費財の"価格"が下落している!?

これは、物価そのものについても言えることです。

たとえば、卵の値段は過去20年、30年にわたってほとんど変わっていません。ちなみに、1949年に封切られた映画『青い山脈』（原節子・池部良主演）の冒頭シーンでは、主人公に扮した原節子が卵を15円で売りに来る姿がありました。

つまり、今日でもほぼ同じ価格です。「卵は物価の優等生」と言われるゆえんです。

ですが、このとき「卵の値段は上がっていない」というより、この間に消費者物価指数が優に十数倍になっていることを踏まえれば、**「実質的には卵の価格は大幅に下がった」** と言うべきなのです。

ちょっとおもしろい話があります。

◆図5-2-2

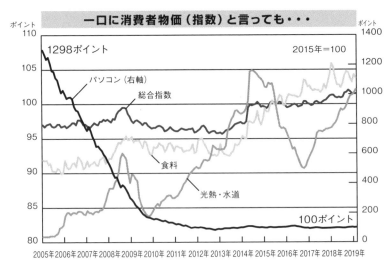

出所：総務省統計局

私たちが普段目にしている「消費者物価指数」は、必ずしも現実の物価の値段を示さない、ということです。

現在、消費者物価指数を計算するときには、**「性能が高くなって値段が変わらないときには、その性能の向上分に見合うだけ、実質的にはそのものの価格は下がったとみなす」**ことになっています。そんな前提で物価指数を作成するのです。わかりやすく言うと、性能が2倍になって、価格が変わらなければ、そのものの価格は半分になったとみなすのです。

さあ、そうするとどうなるか？

今のスマホなどは10年前のスマホの優に10倍以上の性能を持っています。計算速度にしても、1秒あたりに送れる情報量にしても、あるいは保存しておけるストレージの容量も10倍どころではありません。

iPhoneの場合、その間に表向きの価格は2倍になったくらいです。ということは、iPhoneの価格は5分の1になったという前提で価格を試算し、これをベースに物価指数が計算されるのです。ビデオカメラや各種音響機器も同じです。

ですから、こういったデジタル機器などを含む多くの耐久消費財の価格は図5-2-2のパソコンのように急速に下落しているのです。

これひとつをとってみても、物価指数を計算するということは一筋縄ではいかないことが良くわかります。

なにしろ、IT、デジタル技術の発展で、「同じ生産コストで、はるかに性能のいい製品がドンドン出てくる」のですから、その分、こうした製品の物価は永久に（？）下がり続けるというわけです。

第5章 データの前提条件を疑う

03 | データの単位を疑う

"カロリー"で表示されてきた「食料自給率」

　たぶん多くの方は「わが国の食料自給率はとても低い」「先進国の中でもほとんど最低」とのイメージをお持ちだろうと思います。
「今や、お魚でもお野菜でもほとんどが海外からの輸入だよ」
「冷凍食品なんて、安いものはたいていメイドイン中国、台湾、タイでしょ」、と。
　では、ここでお尋ねします。「わが国の食料自給率は何％でしょうか？」──ほとんどの方が、「とても低いよね。確か 30 〜 40％くらいじゃなかったかしら」とお答えになるのではないかと思います。
「小麦だとか大豆は 80 〜 90％以上が輸入だったはずだし、ウナギだって大半が中国などからの輸入だもんね」と言う方が多いはずです。
　通の人だと、「確かカナダやオーストラリアなどの自給率は 100％を超えていたよね」という知識を持っている方もいらっしゃるでしょう。
　確かにそのとおり。わが国の農林水産省が発表するデータの中でもっともオーソライズされている食料自給率は 2017 年で 38％です（平成 29 年度需給表による）。
　しかし、これは**カロリーベース**で算出された数字であることに注意が必要です。つまり、あらゆる食料をカロリーに換算したうえではじき出された数字なのです。
　こうしたデータを読むときの発想のコツ、注意したい点は「言葉の定義はどうなっているの？」であり、「この単位でいいの？」です。

「生産額ベースの食料自給率」では66％に！

　さて、ここで「食料自給率ってカロリーを基準にすべきものなの？」という疑問が出てきます。普通に経済規模から言えば、当然ここは「金額ベース」で計算、表示されるべきではないかと。つまり、農産物の場合だと生産額ですね。
　実は、今は農水省のデータの中には**生産額ベースの食料自給率**という表（項目）もあるのです。
　この**図 5-3-1** と**図 5-3-2** を見ると、**なんと日本の食料自給率は 66％なのです**。国内で消費（需要）されている食料は 16 兆 6017 億円であるのに対して、うち 10 兆 9121 億円は国内生産でまかなっているのです。

◆図5-3-1

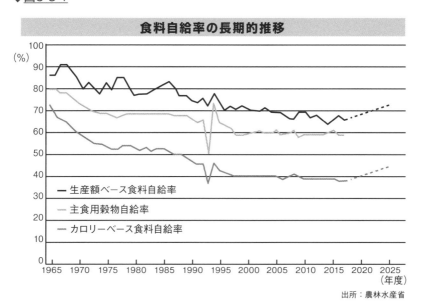

◆図5-3-2

平成29年度食料自給率

カロリーベース

品目	国産熱量	総供給熱量
米	517kcal	531kcal
小麦	47kcal	333kcal
いも類	32kcal	49kcal
でんぷん	14kcal	153kcal
大豆	21kcal	75kcal
野菜	55kcal	73kcal
果物	21kcal	81kcal
畜産物	47kcal	425kcal
魚介類	57kcal	97kcal
砂糖類	62kcal	192kcal
油脂類	10kcal	367kcal
その他	22kcal	88kcal
合計	924kcal	2,445kcal

自給率：38%

生産額ベース

品目	食料の国内生産額	食料の国内消費仕向額
米	1兆9,279億円	1兆9,576億円
小麦	415億円	2,824億円
いも類	1,749億円	2,562億円
でんぷん	430億円	1,088億円
大豆	355億円	762億円
野菜	2兆4,864億円	2兆7,858億円
果物	8,215億円	1兆3,123億円
畜産物	2兆9,509億円	5兆1,584億円
魚介類	1兆3,526億円	2兆8,721億円
砂糖類	1,684億円	3,331億円
油脂類	2,297億円	6,063億円
その他	6,819億円	8,526億円
合計	10兆9,121億円	16兆6,017億円

自給率：66%

出所：農林水産省

第5章 データの前提条件を疑う

データをさかのぼってみると、平成の初め頃には70%台だったことがわかります。さて、わが国の食料自給率は38%とみればいいのか、それとも66%なのか、どちらなのでしょうか？

結論を急ぐと、実は、食料自給率をカロリーベースで算出している国はほとんどありません。

こんなふうに種明かしをしてしまえば、なんということはないのですが、実は2000年頃までは、農林水産省が公式に発表してきた食料自給率はカロリーベースだけだったのです。

しかし、「カロリーベースだけで食料自給率を表現するのはおかしい」「国際基準のデータで示されるべきだ」という議論が沸き起こり、それを受けた形で農水省は生産額ベースでの数値をも公開するに至ったのです。

なぜ、わが国の「食料自給率」はカロリーベースなのか？

ここで2つの疑問が生じてきます。

1つ目は、なぜわが国の食料自給率はカロリーベースだとこんなに低く算出されるのか、ということです。

これは、わが国では相対的にカロリーが高い小麦、大豆などの穀物、さらには砂

◆図5-3-3

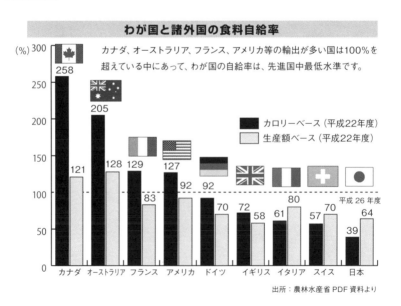

出所：農林水産省 PDF 資料より

糖、油脂、食肉などの自給率がとても低いからです。言い換えると、輸入依存度が高いのです。

一方、野菜などカロリーがうんと低い食品の自給率が高くなっています。これでは、カロリーベースでの自給率が低くなるのは当然です。

2つ目の疑問は、では**なぜ農水省はこれまでは圧倒的に数字が低く算出されるカロリーベースの食料自給率しか公表しなかったのか。**

これについては、第1章の11項で記したように、TTP参加をめぐる是非が論じられた頃に、農業、畜産などの業界がどのような主張を繰り返していたかを顧みれば良くわかります。

「わが国の食料自給率はとても低い」→「このままではわが国の食料は自立していけない」→「したがってこの自給率を引き上げる必要がある」→「そのためには農林水産関連予算を手厚くして、農業、畜産業の振興を図っていかなければならない」——という主張です。その主張を展開するためには、自給率はできるだけ低いほうが望ましいのです。

私たちが口にする食料の多くが海外に依存しているところへ、基本的に関税ゼロをうたうTTPが実施されたら、ますます食料を海外に依存することになります。そうすれば、いざというときに海外からの輸入が制限されれば、わが国はたちまちギブアップする、と主張されたのです。いわゆる**食糧安保問題**です。

誰でも自らの言い分を通しやすいように理論武装をするのは当然です。しかし、そのために明らかに合理性を欠くと思われるデータだけしか公表しないというのは明らかにおかしいと思います。

第5章　データの前提条件を疑う

04 | その言葉、定義は正しいか？

現役世代が支える年金制度

今、わが国にとって最大級の問題の1つ、それは**「高齢者が受け取る年金の原資をいかに確保するか」**——ということです。言うまでもなく、少子高齢化が急速に進むことで、年金資金の負担者と年金受給者のバランスが悪化の一途をたどっています。

現在の公的年金制度は、積み立てたお金が運用されて、将来年金を受け取る段になってそれを受け取るという仕組みで運営されているわけではありません。現在働いている現役の人々が支払った年金保険料が、高齢者の年金として払われているのです。

現在は、「2.2人の若者が1人の高齢者を支えている」のですが、2025年には「1.8人の若者が1人を」、2045年には「1.4人で1人を」となるのが確実です。

経済予想はなかなか当たらないものですが、この種の人口に関する予測はもっとも当たる確率が高い。これは当然です。

「所得代替率50％」＝「正味の受給金額が現役時代の50％」ではない！？

年金財政計画を立てるうえでもっとも重要な概念が「所得代替率」です。「65歳で老齢年金を受給し始めた時点で、標準的な家計が受給する老齢年金額」を現役世代の所得の何％に設定するか、という基準です。これを決めないと年金保険料も、年金支払額も決めることはできません。

現在、これが50％と設定されています。つまり、これを下回らないように年金財政を設計していますよ、と政府は説明しているのです。

そこで、「所得代替率50％」と聞くと、誰でも「正味の受給金額が現役時代の50％だな」と受け取ります。これは当たり前です。

そして、「だったら、ムダを省き、節約すれば何とかやっていけるかな」と考えます。

しかし、実はこの考えはちょっと甘いのです。

それは、この「50％という所得代替率」の計算式の中身を見ればすぐわかることです。私たちがこの言葉から直感的に受け取るイメージとは違うのです。

分母と分子で算定基準が違う、というレトリック

所得代替率の計算は、簡単に示せば次のような計算式で計算されています。

65歳時点での家計が受け取る年金受給額（収入ベース）／現役世代の所得（可処分所得ベース）

分母は、税や社会保険料が差し引かれた後の金額が基準になっています。それに対して分子の年金受給額は、これらが控除される前の金額が基準なのです。
なんと、分母と分子では金額の算定基準がまるっきり違うのです。
「こんなことってあり？」です。
これだと表向き、代替率が高く算出されるのは当然です。これは常識から言って、とてもおかしいですよね。
実際、私たちが受け取る年金にも税金がかかりますし、介護保険料が差し引かれています。
つまり、**年金の実質支給額は名目支給額より低い**のです。
この問題については、2016年11月の国会において、野党から疑義が表明されました。当時野党第一党だった民進党の長妻昭氏はこのように発言しています。

「現在のモデル世帯の所得代替率は、分母は現役世代の平均手取り賃金で、分子は年金受給額の額面である。分子・分母とも手取り額あるいは、額面に揃えることが国民の生活実感に近づくと考えるが、いかがか。安倍内閣の見解を問う」

（2016年12月28日提出「年金制度の所得代替率に関する質問主意書」より／長妻昭）

しかし現在に至るまで、この所得代替率の定義は変わっていません。私たちの常識を裏切る定義が、そのまま使われているのです。理解に苦しむところです。

ちなみに、所得代替率は5年ごとの年金財政検証の際に見直されることになっており、一番新しいのは2014年度の財政検証によるものです。
次ページの資料（**図5-4**）によると、現在の代替率は62.7％。今後の経済成長

◆図5-4

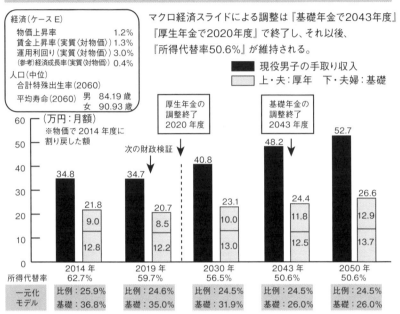

　率が中位水準で推移したケースとして、現役時代の月収が34.8万円の人なら夫婦で21万8000円の年金を受け取るのですが、その後代替率は順次下がっていき、30年後の2043年度では50.6％と、50％は維持できると試算しています。
　しかし、上で見てきたように私たちの常識で見れば、すでに代替率は60％を割り込んでいるのは確実であり、実質上の代替率50％を下回るのはそう遠くない、と見るべきでしょう。
　なお、海外各国でも多かれ少なかれ年金問題は、国家財政における大問題。所得代替率のめどが示されますが、**分母と分子の基準が異なるような数式を用いている国はまずありません。**
　「不思議の国ニッポン」なのです。

不思議の国ニッポン

所得代替率 = $\dfrac{\text{年金受給額（収入ベース）税・保険料控除前}}{\text{現役世代の所得額（可処分所得ベース）税・保険料控除後}}$

OECDは

総所得代替率 = $\dfrac{\text{年金額（控除前）}}{\text{報酬額（控除前）}}$

純所得代替率 = $\dfrac{\text{年金額（控除後）}}{\text{報酬額（控除後）}}$

基準が異なる数式はおかしい！

05 | その株式保有データは名目か実質かと問う

「フロー」と「ストック」

　経済データを扱うときには、**「フロー」**と**「ストック」**という2つを区別するとわかりやすくなることが多いです。**フローとは、一定期間に生み出された数量なり金額なりを指すのに対し、ストックとはある時点での数量などのこと**。残高、残量と言えばわかりやすいでしょうか。

　たとえば、ダムに上流から1日あたり10万トンの水が流れ込み、ある時点での貯水量が580万トンだとすれば、10万トンというデータはフロー、580万トンがストックと呼ばれます。

　家計に置き換えれば、賃金などの収入はフロー、金融資産残高はストックというわけです。

　ついでに言えば、国際収支統計に出てくる「経常収支」。これは、たとえば1年間に諸外国との間で行った経済取引を通じて、日本がどれだけのお金を受け入れたのか、支払ったのか、その帳尻を表すもの。

　それに対して「対外純資産」とは、これが積もり積もってどれだけの純資産（総資産－総負債）を海外諸国に対して持っているかを示すものです。

「名目」と「実質」

　一方、経済データを見るうえでは、「名目」なのか「実質」なのかもとても重要です。

　多くの場合、「名目値」は物価変動を考慮したうえで「実質値」にする、と理解されていると思います。しかし、数多くある経済・金融データの中には、物価以外の要素で調整しなければならないデータも少なくありません。

　名目値を実質値に換算するときに調整されるのは「物価」だけではないのです。

　024ページで取り上げた、「個人の実質的な株式の保有額」のデータがそれにあたります。

　このデータは、日本銀行がまとめる「資金循環勘定」という統計に出てくるのですが、一般に報じられるニュースでも、それが実質値なのか名目値なのかをきちんとわかるように報じてくれないことが多いのです。

第5章 データの前提条件を疑う

株価が上がっているのに、実質的な保有額は減少?

　さて、「経済データにはフローとストックがある」「経済データには名目と実質がある」——この2つの視点で資金循環勘定の家計金融資産のデータを見ると、興味深い事実が浮かび上がってくるのです。

　周知のとおり、アベノミクスが始まる少し前から、株価はぐんぐん上がってきました。こんなとき「さらに上がるだろうと考えて、新しく株式を買う人が増えるんだろうな」「すでに株を持っている人も値上がり期待で持ち株を増やすんだろうな」「そうすれば当然個人全体で見ても、株の保有は増えるんだろうな」。このように考える人が多いのではないでしょうか?

◆図5-5

日経平均株価は1.93倍、その間の家計株式保有額は1.56倍??

	2012年	2013年	2014年	2015年	2016年	2017年	2018年
現金・預金	873	893	910	926	944	969	984
債券等	31	29	27	24	24	24	24
株式等・投資信託	169	230	246	253	242	283	242
うち上場株式	62	88	93	99	96	114	97
うち投資信託	58	71	80	78	73	76	67
保険・年金	486	498	510	517	518	522	523
対外証券投資	18	18	24	20	24	24	22
そのほか	32	31	34	37	33	32	35
合計	1609	1699	1751	1777	1786	1854	1830

出所:日銀、資金循環勘定

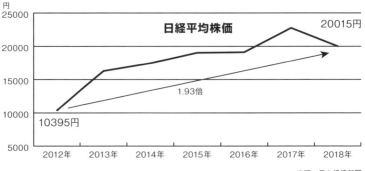

出所:日本経済新聞

しかし、結論から言うと、実はこの間に、**個人が持っている株式の実質的な保有額はほぼ一直線で減り続けている**のです。

こんなふうに言うと意外に思う人が多いのですが、それは、新聞などのニュースでデータを正しく読むための説明がきちんとされていないことの何よりの証拠です。

この統計によると、アベノミクスが事実上スタートする直前の2012年末には、家計は上場されている株式を62兆円持っていました。それが、2018年12月には97兆円に膨れ上がっています。

「やはり、このときの株価上昇の波に乗る格好で、株を新たに買う人が増えたんだな」と思いますよね。さて、やはりこの間に家計は株式を買い増して保有額を増やしたのでしょうか？

株式の保有額は金額基準であり、かつその時点での株価（時価）を基準にして算出されたデータであることを踏まえれば、これは名目です。

実はこの間に、日経平均株価は1万395円から2万15円へと上昇しているのです。平均株価が1.93倍になっているのに、株式保有額は1.6倍にとどまっているのです。

ということは、この間に名目上は1.6倍になったものの、実質的には個人の株式保有額は2割近く減っていたのです。

わが国の個人は「逆バリ」の傾向が強い

「貯蓄から投資へ」といったスローガンがしょっちゅう繰り返されますが、これだけ株が上がったときでも、個人の実質的な株の保有額が減っていたとは……。

しかし、過去からのデータを見ていると容易にわかるのですが、わが国の個人は株価が上がれば株を売り、下がってくれば買いに出るという行動をとることが多いのです。こんなのを「逆バリ」と呼びます。

「勢いに乗る」のではなく、「上がれば下がるだろう」と考える傾向が強いのです。「上がったからこのあたりで一部を売って、収益を確定させておこう」と考えるのですね。

その点、米国などの機関投資家は一般に上がり始めるとドンドン買っていき、下がり始めると売りに出るという「順バリ」の投資行動をとることが多いのです。

第5章　データの前提条件を疑う

06 | 異なる前提では比較しない

日本の消費税率8％は本当に低いのか？

　消費増税に関する報道を目の当たりにしていると、「なんだかおかしいな」と思うことが少なくありません。どうも、わが国で今、流布されている消費税増税のテーマをめぐる報道内容には相当のバイアス（偏向）がかかっています。
　「これだけわが国の財政状態が悪いのに、なぜ円が買われるのか？　世界一の財政負担にあえいでいる日本の国債利回りが、なぜ世界でもっとも低いのか？」という問いに対して、未だに「**わが国の消費税は税率が低く、引き上げの余地があると世界からは見られている**から」と答える方がいらっしゃいます。
　こうした意見に対して、おそらく「そりゃそうだ。日本の消費税はなんといっても8％だもんな。そこへいくと、ユーロ各国では平気で20％とか25％だもの。北欧では27％なんていう税率の国もあるしな」と反応される方が多いと思います。
　さて、これは正しいのでしょうか？

イギリスでは食料品などの税率はゼロ！

　これは、はっきり言って間違いです。ユーロ各国の本当の（実質的な）付加価値税率は、決して20％とか25％ではないからです（厳密には消費税と付加価値税は違いますが、ここではスルーします）。
　ていねいに見ていくとわかるのですが、たとえばフランスやイギリスの付加価値税は20％、スウェーデンは25％というときの税率は「**標準税率**」です。きちんと物事を伝えようとする姿勢を持っている報道であれば、必ず「標準」という言葉が付されているはずです。
　さて、「標準」とは何か？　それは、「表向きの」ということ。名目なのです。
　実は、EU各国の付加価値税の本当の税率は、「標準税率」として示される率とは似ても似つかない数値です。それは、**EUの多くの国の付加価値税制度では、物品からサービスに至るまで相当広い範囲に「軽減税率」、あるいは「非課税」が適用されている**からなのです。
　たとえば、フランスは標準税率こそ20％なのですが、食料品や農産物用の肥料などについては5.5％、新聞や医薬品に対しては2.1％という軽減税率が適用されて

います。また、イギリスでは食料品、書籍、新聞、雑誌、子供用衣料品については税率ゼロ、家庭用燃料などは5％です。標準税率22％のイタリアでも、食肉、ハム、建物、小麦粉、コメ、薬、肥料等は10％に軽減、生鮮野菜、牛乳、マーガリン、チーズ、バター、書籍、新聞は4％という超軽減税率が適用されています。

　さらにおもしろいのは、イタリアやフランスなどでは、食料品をレストランで飲食した場合には標準税率で、自宅に持ち帰れば軽減税率が適用されるといった、きめ細かい措置が取られていることです（日本でも2019年10月の税率引き上げ時より、こうした制度が導入される予定です）。

EU各国の「実効税率」は「標準税率」のほぼ半分

　このような非課税あるいは軽減税率が設けられているのは、この付加価値税が持つ逆進性を緩和するためです。あらゆる品目についてこの標準税率を適用すると、明らかに食料品や医薬品などの消費シェアが高い庶民に対する税負担が重くなることに配慮されているのです。

　わが国でもこうした軽減税率がないわけではありません。実際、家賃や授業料、あるいは介護保険にかかわる医療費などはゼロです。

　ここまででおわかりのとおり、2019年4月現在では食料品などに一切の軽減措

EUの軽減税率の例
(仏)20％だけど"
　食料品・農産物肥料は────5.5％
　新聞や医薬品は──────2.1％

(英)20％だけど"
　食料品・書籍・新聞・子供用衣料品─ゼロ
　家庭用燃料────────5.0％

(伊)22％だけど"
　食肉・ハム・小麦粉・コメ・薬・肥料─10％
　生鮮野菜・牛乳・マーガリン・チーズ・新聞─4％

第5章　データの前提条件を疑う

置が講じられていないわが国の消費税率と照らし合わせると、食料品や書籍、医薬品、新聞等は、EU各国よりもわが国のほうがすでに税率が高いのです。

標準税率だけを見ていたのでは、このような実態が一切見えてきません。ところが、こうしたことはほとんど報じられないのです。

では、こうした軽減税率を含めてカウントしてみれば、EUの実質的な付加価値税率はいくらなのでしょうか。調べてみた結果が**図5-6**です。

ここで言う**「実効税率」**とは、消費の半分が20％の標準税率で課税され、残り半分が5％の軽減税率だった場合には、「実効税率は12.5％である」という意味です。

さてどうでしょう？　ほとんどの国の実効税率は標準税率の半分程度なのです。**イタリアや英国などでは半分以下です。**

これに対して、わが国では標準税率に対する実効税率の割合が高いことがわかります。これは、わが国では現在のところ軽減税率がなく、非課税の対象になっている品目が相対的に少ないことを意味しています。

重ねて言いますが、こうした実態はほとんど報じられません。

◆図5-6

EU主要国の付加価値税・標準税率と実効税率

	標準税率(％)	歳入比率(倍)	実効税率(％)
ハンガリー	27	0.57	12.9
デンマーク	25	0.60	15.0
スウェーデン	25	0.60	15.0
イタリア	22	0.38	8.4
スペイン	21	0.43	9.0
フランス	20	0.49	9.8
英国	20	0.44	8.8
ドイツ	19	0.56	10.6
（日本）	8	0.71	5.7

出所：OECDの「Consumption tax trends 2018」

※　歳入比率とは：100の消費に対して、標準税率が20％で実際の税収（歳入）が12だったとする。このときの実効税率は12％。これは20％という標準税率の0.6倍にあたる。これが歳入比率。

COLUMN
10

経済は「マクロ」と「ミクロ」

第5章　データの前提条件を疑う

　経済分析では、「マクロ」と「ミクロ」に分けるのが一般的です。マクロ経済では、国全体の国民所得や経済成長率、あるいは物価水準や失業率といった全体的な経済を俯瞰します。これに対し、ミクロ経済の世界では、個人や企業の経済行動が観察されます。

　そして、この間にはちょっとしたハードルがあります。個人のレベルでは望ましいことでも、全体から見れば望ましくない、という「合成の誤謬（ごびゅう）」などがその典型的な例です。

　個人のレベルで言えば「将来が不安なときには、消費を節約して貯蓄に励むのが合理的」ですが、こうした行動が広がると国全体では「消費ならびに生産が落ち込み、賃金が下がり、経済活動が収縮し、国民の生活は貧しくなる」のです。

　つまり、ミクロのレベルでは合理的な行動が、全体で見れば望ましくない結果をもたらす、というわけです。

　しかし、あらゆる経済活動はすべて関連し合っています。

　ということは、ミクロレベルで観察される経済データは、マクロレベルの経済データとして観察できることも多いのです。

　その場合、どちらのデータを重視するかにより、経済に対する見方が大きく異なることは珍しいことではありません。

　たとえば、第2章6項で取り上げた「実質賃金と雇用者所得の関係」などを通じて、そんな例をわかってもらえるはずです。

COLUMN
11

＜グラフトリック その5＞
目盛りのとり方に注意

　これで本書のグラフトリックは最後です。実は（ここで白状するのですが）、本書でも印象操作のためにちょっとしたグラフトリックを使った箇所があります。それほど大げさなトリックではないので、気づいた方はほとんどいらっしゃらなかったと思います。

　それは4章2項の「政府が新しい指標を持ち出したら……」に掲載したグラフ（129ページ）です。

　種を明かします。ここではできるだけGDPに対してGNIの値が大きいことを示そうとして、左の目盛りを480兆円から始めたのです。このためGDPとGNIの差がとても強調されています。

　では、目盛りをゼロから描けばどうなるか？　これだと、さほど大きな差には見えません。どちらのグラフも嘘ではありません。でも、描き方いかんで、こんなに違った印象を与えるのです。

Cause and effect relationship

第 6 章

データの因果関係を疑う
(旧常識から脱する)

これまでに多くの経済指標やデータの本質的な問題やトリックの数々を見てきました。ここでは、経済の"常識"について改めて見直しながら、これからの経済を正しく把握するためのいくつかの基本スキルを学びましょう。

01｜輸出の為替感応度が急激に低下

輸出量が増えない＝実力ではない売上げ増加

第二次安倍政権が事実上始動したのは2013年。最初につまずいたのが、**「これだけ円安になっているのに、なぜ輸出が増えないのか？」**ということでした。

もちろん輸出金額は増えました。しかし、輸出数量が増えなかったのです。

輸出金額＝単価×輸出量

まず輸出金額で言うと、1万ドルの自動車を売った⇒1ドル80円から100円になった⇒売上げは80万円から100万円に増えた。つまり、円安になれば自動的に売上げが増えた。これだけのことです。

この頃、トヨタ自動車の豊田章男社長はこう言っていました。

「この売上げ増は追い風参考記録だ」

つまり、なぎ（無風）になれば確実にタイム（売上げ）は落ちる、と。つまりこの売上げ増は実力ではない、と言いたかったのですね。

では、実力とは何か。それが、ここで問題にしたい輸出数量なのです。

売上金額は名目であり、売上台数（数量）は実質なのです。これは次のように考えるとわかりやすいです。

電気料金が1年前に比べて10％上がった。この間に電気代が10％上がった。つまり、電気の使用量（KW）は変わっていないのです。名目は上がったが、実質的な消費量は同じです。このとき、電力の生産量を増やす必要はありません。したがって、設備投資も行われないというわけです。

円安になっても輸出量が増えないワケ

さて、なぜ首相官邸は困ったのか？

「円安で売上金額が増えたんだからいいんじゃないの？」と思われるかもしれません。しかし、そうではなかったのです。

これは、経済において金額データと数量のデータをどう考えればいいか、というとても大事な話に直結するテーマです。

実は**「円安になれば輸出量が増えるはず」**——こんな旧来からの常識があったの

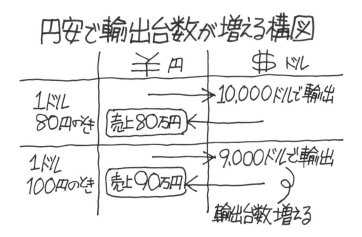

です。ところが、「円安になったのに、実際にはほとんど輸出数量が増えない」ことに政府は気づいたのです。なぜなのでしょうか？

一番の原因は、円安が一気に進んだのに、日本企業はドル建ての輸出価格を引下げなかったからです。従来なら、価格を引き下げて価格面で優位な立場に立ってより多くの量を売ろうとしたはずなのです。

1ドル＝80円のときに1万ドルだった自動車は、1ドル＝100円になれば売上げは自動的に100万円になります。しかし、こんなに円安が進んだときには、昔だったら売値をたとえば9000ドルに引き下げるという戦略をとっていたのです。

こうすれば米国でこれを輸入する業者は、「他のメーカーからの仕入れを減らして、日本の自動車会社から輸入しよう」となります。つまり、輸出台数が増えます。こんなメカニズムが働いていました。価格面で競争力が強くなっていたのです。

しかしこの時期には、わが国の多くの企業はこうした戦略をとらず、価格を据え置きました。それは2008年のリーマンショック以降の急激な円高で、とてつもない損失を出したため、「この円安をチャンスにして収益を確保しておこう」と考える企業が多かったからです。

「円安になれば輸出量が増える」は、もう常識ではなくなった

もうひとつは、この頃にはもう、**価格を下げれば売上数量が増えるといった輸出**

◆図6-1-1

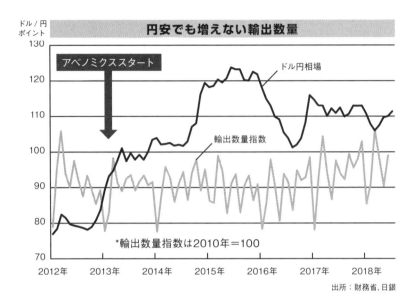

製品はぐんと減っていたのです。その代表が、洗濯機、冷蔵庫、炊飯器、電子レンジなどの白物家電です。

韓国や中国、台湾などの企業と競合するこれらの製品は、値段を安くすれば販売台数は増え、売上げ競争で有利になります。しかし、日本国内ではすでにこの手の製品はほとんど作っておらず、もちろん輸出も激減していたのです。

では、この時期には何が輸出の主力になっていたのでしょうか？

電機関連だと、スマートフォンに組み込む小型モーター、液晶パネル、カメラセンサー、リチウム電池、時計部材等。これらの高付加価値製品の輸出シェアが一気に高まってきていたのです。

もう少し大きなものでは、日本が誇る航空機エンジンの部品、ハイブリッドカーや各種の建設機械、自動・省力化機械（工業用ロボット）などもそうです。

これらの付加価値が高い部品、製品は、値段を下げたからといって多く売れるものではありません。値段いかんにかかわらず、海外の輸入業者からすれば、「これはもう日本のＴ社の製品を買うしかない」ということになります。**値段を下げたからといって輸出量が増えるという類のものではないのです。**

このように、円安にもかかわらず輸出数量が増えないことは、アベノミクスにとっ

ては最大の誤算でした。

なぜなら、強力な円安政策で円安を促し、輸出数量が増えれば国内生産が増え、成長率が上がる。これが狙いだったのですから。

輸出数量が増えなければ国内生産は増えません。生産が増えないということはGDPで示される成長率も上がらない。これじゃ困るわけです。

円安で輸出金額は増えるが、輸出数量は増えない。わが国がこんな経験をしたのは初めてのことでした。

もう関係なくなった？ 「ドル円相場」と「輸出」

ドル円相場と輸出数量の関係が変わってきたことは、日銀の調査でも裏付けられています。日銀は、「輸出の為替感応度」についての試算を2018年に公表しました。為替の動きが、わが国の輸出にどう影響しているかを分析したのです。

それによると、2000年代半ばには、ドルに対して10円円高が進むと輸出量は3％減っていたのですが、2010年前後からは減少率が急速に低下しています。

そして2017年には、ついに0〜マイナス0.1％に転じています。つまり、もうドル円相場と輸出数量の間にはほとんど関係がなくなってきたのです。

◆図6-1-2

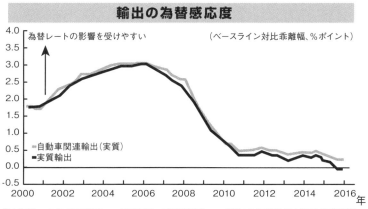

注：為替レートの10％円安ショックに対する、4期累積変化　　出所：IMF、BIS 日本銀行、財務省等

02 | 切れつつある円相場と日本株の関係

2016年頃までは「円高＝株安」「円安＝株高」だったが……

　長らく常識だとされてきたのが、「円高＝株安」「円安＝株高」。最近はどうなのでしょうか？　これからもこの常識は通用するのでしょうか？

　グラフ（**図6-2-1**）で見ると、2012年には9000円だった日経平均株価が2015年後半には2万1000円になっています。この間に、「ドル円相場」は80円から125円。つまり、円相場が45円動いて日経平均株価は1万2000円上がっています。ドル円相場が1円動けば、株価は270円動く。こんな関係にあったのです。その後、2016年半ばまでの株価下落のときも同じピッチでとてもきれいに連動しています。

　一方のデータがどの程度動けば、他方のデータがどれくらい変化するか。こんな2つのデータの関係を定量的に見ることは重要なポイントです。

　1ドル＝1円の円相場の変化がトヨタ自動車の営業利益を400億円動かす、なんていうのもそうです。

◆図6-2-1

出所：日銀、日本経済新聞

さて、先ほどのドル円相場と株価の関係ですが、2016年後半からはその関係が切れつつあります。

図6-2-1中、2017年から2年あまりの間に1ドルにつき10円程度の円高が進んでいるのに、株は2000円も上げています。明らかにその関係が変わってきているのです。円高なのに株が上がっているのです。なぜか？

現地調達による海外生産の拡大

その主な理由は、**わが国の企業が生産拠点を海外に移転、あるいは生産を現地に委託する動きがさらに進んでいること**が第一です。第二には、**海外に移した工場で生産するための部品、部材などを現地調達する動きが加速した**からです。

海外に工場を移しても、そこで生産するための部品や原材料を国内から輸出するのなら、日本からの輸出はそれほど減りません。

しかし、海外に設置した自動車組立工場に、タイヤ、鋼板、計器類、モーター等の各種部品を現地で調達する動きが広がってきていたのです。最終組み立てを行うトヨタ自動車だけではなく、トヨタに部品を供給する下請け企業なども、海外へ工場を移転する動きが続いたのです。あるいは現地の外国企業から部品を仕入れる動きが強まったのです。

このように部品、部材等の調達⇒組み立て⇒販売までが一貫して現地（海外）で行われるとどうなるでしょうか。そうです、企業の業績は円安、円高という為替相場からの影響はほとんど受けなくなるのです。

「非製造業」が「製造業」を上回る構造に

さらには、**日本の産業全体に占める非製造業の割合が増えていることも一因**です。通信や建設といった、為替の変動に左右されにくい企業が成長してきていることも大きいです。

日経新聞の記事によると、

「非製造業の経常利益（金融含む）は19年3月期は26兆円の見通しで、製造業（24兆円）より多い。09年3月期以降は製造業を上回る状態が続く」（2018年10月4日付「通説を疑え②『円高だと減益』本当？」）

第6章 データの因果関係を疑う（旧常識から脱する）

◆図6-2-2

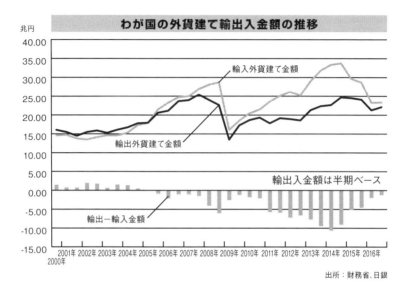

と言います。つまり、為替相場からの影響を受けやすいメーカー（製造業）が産業全体に占めるシェアが確実に下がってきていたのです。

みずほ総合研究所がまとめたレポート「円高が企業収益に与える影響」（2018年5月11日）によると、10％の円高は製造業の企業収益を3.7兆円（30％）減らし、非製造業の収益を3.5兆円（8％）増やすと試算しています。そのプラスマイナスはほとんど拮抗しているのに加え、全体では2000億円のマイナスにとどまっています。ちなみに国内全産業の営業利益は67兆4000億円（2017年度）。

つまり、10円もの円高になっても、製造業・非製造業をひっくるめた全体として見れば企業収益の水準はそれほど変わらなくなってきたのです。

これは私たちの常識を裏切ります。わが国は「輸出立国であるため、産業界全体で見ても、円高で企業業績は悪化、それを先取りして株は下がる」はずだったのです。

わが国の産業全体では、本当は「円安メリット＜円安デメリット」なのかもしれない

私たちは日本の輸出企業が為替相場からの影響を受ける仕組みについては、次の

ように習います。

「1ドル＝150円が120円になると1万ドルで輸出した車の売上げが150万円から120万円になる。つまり、円高になると売上げが落ちる。逆に1万ドルで輸入するためには150万円の支払いが必要だったのが120万円になる。つまり、安く買えるので国内での販売価格も下がる」

この説明だと、輸出入ともにその全額が「ドル建て」ということになっています。しかし、実態はまったく違うのです。

そもそも輸出入で、為替相場の変動によって直接的な影響を受けるのは、ドルなど外貨建てで行われている部分です。では、輸出・輸入それぞれにつき、わが国の企業は決済通貨として何を使っているのでしょうか？

財務省はこれを半期ごとに集計し、公表しています。

それによると、**わが国の輸出に占めるドル建て比率は50％、円建ては39％。輸入でのドル建ては73％で、円建ては22％**です。そして、年間の輸出金額はザッと64兆円で、輸入は71兆円（以上2018年中）。

つまり、取引価格が変更されないとした場合には、**円安によってドル建て輸出で得られる超過収益（64兆円×50％）よりも、円安による支払いコスト増（71兆円×73％）のほうが多い**のです。

にもかかわらず、円高でわが国の輸出がダメージを受けると考える人が多い。多くの教科書があたかも日本企業が行うあらゆる輸出がドル建てであることを前提に、「円高は輸出に不利」との記述に終始しているのがその理由です。

わが国は輸出で稼いでいる国であり、円高だと日本全体が困るというイメージを植えつけたい、との意向が働いていたのではないかと、疑いたくなるくらいです。

ちなみに、企業に関する税制変更などに際しても、重要な影響力を持つことで知られる経団連を牛耳っているのはメーカー、それも輸出企業です。経団連の歴代の会長を誰が務めてきたかをチェックすれば、それは一目瞭然。途中で組織の改変などもありましたが、1948年の初代会長（日産化学工業）から14代会長（日立製作所）に至るまで、すべてをメーカーの会長あるいは社長が経団連の会長職を務めています（7代目だけサービス業に分類される東電会長）。

つまり、メーカー主導で運営されているのです。東芝、新日鉄（現・日本製鉄）、トヨタ自動車、キヤノン、住友化学……これら日本を代表する輸出企業が綺羅星の如く並んでいます。これはものの見事としか言いようがありません。

第6章 データの因果関係を疑う（旧常識から脱する）

⓪③ お金を供給しても物価は上がらない

もう「物価」は「金融政策」ではコントロールできなくなった？

　本来、日銀が目指した2％インフレ政策とは、人々の物価が上がるという予想が消費を促し、それが各種の製品、サービスの需給バランスを変えることで物価がさらに上がる。こんなシナリオだったはずです。

　つまり、「**人は物価上昇を信じて消費を繰り上げる**」→「**だから物価が上がる**」→「**上がると、さらに上がると多くの人は見る**」→「**で、さらに急いで買う**」→「**物が売れ**」→「**生産が増え**」→「**デフレから脱却できる**」という物語が信じられていたのです。

　ようするに、「**人々の消費を急がせることで物価を上げる**」という作戦でした。

　それが見事と言っていいくらい外れました。企業も同じ。少なくとも国内では積極的に設備投資をしない。物を買わないから物価は上がりませんでした。

　物価が国内の金融政策の手には負えないところへ行ってしまった。もうコントロールできなくなってしまったのです。

　ちょっとしたエピソードをご紹介します。

◆図6-3

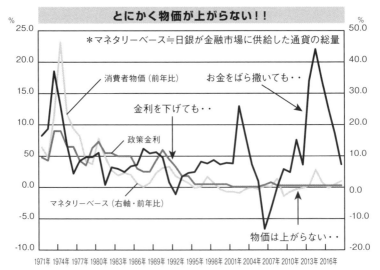

出所：日銀、総務省統計局

2015年、日銀の黒田総裁は、物価が予想どおりに上がらないことについて、ピーターパンを引き合いに出すという、ちょっと意表をついた話を披露したことが一時話題になりました。

彼は、日銀主催のある国際コンファランスで「ピーターパンは飛べるかどうかを疑った瞬間に、永遠に飛べなくなってしまう」と言ったのです。

おそらくここには、「われわれ政策を担当するものとして、どこまでも金融緩和は物価を引き上げる効果があることを信じる」という決意とともに、「人々も物価が上がることを信じて、積極的に消費、投資に向かってほしい」という願望が込められていたのでしょう。

ともあれこの時点ですでに、相当規模の金融緩和でも物価が上がってくれないことへの苛立ちを感じていたことは間違いありません。

何が原因だったのでしょうか？

もはや、金融緩和で物価を上げることができないことが明らかになったわけです。

理由のひとつは**「中国についてバングラデシュ、ベトナム製の衣料、雑貨など、安価なモノが大量供給され続けていること」「実質賃金が下がり、消費を抑えにかかった」**ことです。これはわかりやすいですね。

ただし、これ以外にとても重要なことが3つあります。

金融緩和で物価が上がらない3つの理由

1つは、メルカリやヤフオクに象徴される中古品マーケットの急拡大です。

これまで私たちが前提としてきた経済活動は、「製品を生産して販売、それが購入される。使用期限が来れば廃棄され、改めて新品を買い求める」でした。原則として経済社会で売り買いされるモノは常に新品が前提だったのです。

しかし、以上のような中古品売買市場の拡大により、誰かが所有していたものが中古市場で転々流通していく過程で、売買のたびに使用価値がいわば拡大再生産されていくというシステムが登場したのです。

ルイヴィトンのバッグが、ある時期にはAさんに所有され、次にはHさんが、さらにKさんが所有するというようにタイムラグを置き、所有権が移転していく。

こうした経済分野が拡大すると、新製品が売れなくなります。供給過剰となり、したがって価格が下がります。いわば、1つの商品が最終的に廃棄されるまでの利

第6章 データの因果関係を疑う（旧常識から脱する）

用価値が上がったとも言えます。

2つ目は、シェアリングエコノミーが着実に拡大していることです。「所有」と「使用」の分離が始まったのです。

利用するためには、今までは所有することが前提でした。しかし、所有しなくても利用できる。たとえばカーシェアは文字どおり、車を他人と共有し、使った分だけ支払うシステムです。これが若者のクルマ離れを促進しています。

デジタル革命が物価を引き下げる

そして**3つ目**が、以上のような経済構造の一大変化をもたらした、需要と供給をピンポイントで結びつけるためのデジタル技術の急進展です。

スマホの機能が急速に進歩したことがその象徴です。メルカリ、ヤフオク、中古本の売買などはいずれもスマホやパソコンを通じて、いつでも需要と供給を直ちに結びつけることができるシステムの開発によって登場したものです。

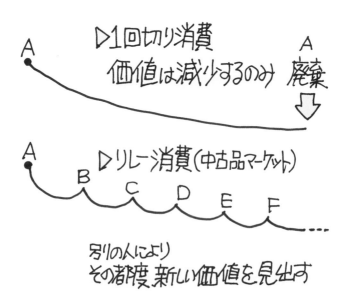

また、多機能スマホが多くの電機機器への需要を減らしてその価格を下げただけではなく、出版、映像、音楽の世界でのデジタル化は拡大再生産コストを劇的に下げました。
　CDよりApple Music、DVDよりYoutubeのほうが明らかにコストが安い。書籍よりも電子本のほうが再生産コストが安く、販売価格も安い。
　こうしてみると、デジタル技術の進展が、確実に生産コストを下げていくという産業分野が予想以上に広いことに気づきます。これでは物価は上がりません。
　さらに、最近では需要と供給のマッチングを図る通信技術が進歩したことで、各種の「サブスクリプションサービス」という新しいサービスが急展開しています。一定の料金を負担するだけで、高級衣料品が週ごとに4着まで自由に利用できたり、ブランド品のバッグが選び放題で利用できるといったものです。

　消費者物価といえば、モノの価格だけだと思われるかもしれません。でも、実際には消費者物価指数を構成する品目の半分はサービスです。
　その代表は各種レジャー（教養娯楽）、交通、通信、運輸、医療、教育、そして保険など各種の金融取引。
　自動車保険など各種保険料の引き下げなど、対人が前提となっていた各種のサービス価格が、著しく低下することになりました。
　これも人手を介さず、スマホ、パソコン上でカンタンに契約ができるようになったためです。
　わが国で保険の通信販売の先駆けになったのが、チューリッヒ保険の自動車保険。この当時「自動車保険料の下げが消費者物価全体を下げた」とニュースになったくらいです。最近では、国内の損害保険、生命保険会社でもこうしたデジタルサイトを通じた保険契約システムが急速に広がってきています。

　物価は経済においてもっとも重要なファクターの1つです。
　以上のような経済構造の一大変化により、その物価には常に低下圧力がかかっているというわけです。
　これでは旧来の金融政策でどれだけお金を供給しても、暖簾に腕押しのようなもの。物価を上げようとするエネルギーの過半が吸収されてしまうのです。

第6章　データの因果関係を疑う（旧常識から脱する）

04 | 金融政策が効かなくなってきた!!

金利が下がると困る企業が増加?

　私たちが当たり前のように習った経済の常識。でも、改めて振り返ってみると「ウン?」ということはママあるものです。**「金融緩和によって利下げすれば、借り手である企業の負担が減るため、景気は上向く」**というのもそのひとつ。

　ちょっと考えてみるとわかるとおり、ここでは利下げが経済に及ぼす影響を「企業の借り入れコスト軽減」というプロセスだけでしか述べていません。「借り手があれば貸し手がいる」——これが経済の考え方の基本です。

　なぜなら、経済取引とは常に双方向であり、常に交換なのですから。売りがあれば買いがあり、借り手がいれば貸し手がいます。そのうち一方だけの事情だけを述べて、結論を得ている——これは、考えてみれば不思議な話です。

　実は今、金利を下げれば、個人だけではなく、企業も困るところが増えてきたのです。

　金利を下げると個人も企業も困る、ということは景気が悪くなるということ。

　なぜでしょうか?

戦後の急成長を支えた「人為的低金利政策」の終焉

　アリさんよろしく個人がせっせと働き、低い金利で預金したお金を、銀行が当然のことのように非常に低い金利で企業に貸し出すことによって、企業に元気になってもらう。

　これが、世界が驚異の目で見るくらい急成長を果たした戦後日本経済の秘訣でした。

　壊滅的にたたき潰された企業を立て直すために、戦後の経済政策は、無理やり金利を低い水準に押し込んで、その金利で預貯金を集め、そして低い金利で企業にお金を貸すというシステムを当たり前のように作ったのです。

　後に「**人為的低金利政策**」と呼ばれるようになった政策がそれでした。

　こうした時代背景を前提に作られたのが「低金利は経済を回復させる」という理屈だったのです。そしてその政策は、相当程度の効果を発揮することになりました。

　しかし、時代は確実に変わりました。今は金利を下げても景気が本格回復する兆

しがほとんど見えません。いったい何が変わったのでしょうか。

直感的にわかることは、「**個人がその当時とは比べ物にならないくらい金融資産を持つようになった**」こと、それに、「**多くの企業がもう借り入れを必要とはしなくなってきている**」ことです。

実際にデータを見てみましょう。

企業も家計もお金が超余っている!?

高度成長の真っ只中の1980年度末に法人企業が保有する金融資産は312兆円、負債は400兆円でした。これだけを見ると89兆円の「負債超過」です。

これが、2017年度末にはそれぞれ1173兆円、952兆円で資産が負債を221兆円も上回ってしまったのです。

では、家計はどうでしょうか？ 1980年度末には327兆円しか持っていなかった金融資産が2017年度末には1831兆円にまで膨れ上がっています。これに比べれば負債は133兆円から317兆円に増えたに留まりました。

つまり、**家計、法人企業ともに「負債」をはるかに超えるピッチで「資産」を大**

◆図6-4-1

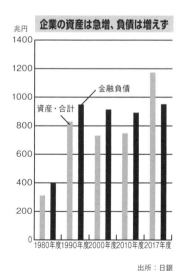

出所：日銀

◆図6-4-2

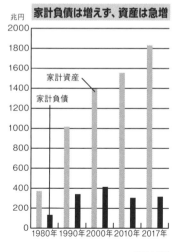

出所：日銀

幅に増やしたのです。

　家計と法人企業両部門を合わせると、この37年間に「金融資産」と「金融負債」の差は、プラス150兆円からプラス1735兆円になっているのです。

　その理由は**図6-4-3**でわかります。企業は、1998年を境に、各年度の資金の出入りを示すマネーフローで見ると、完全に「資金余剰」組に移ってきたのです。もちろん、家計は一貫して「資金余剰」です。

「金利が下がれば景気が回復する」は過去の常識に

　さあ、どうでしょう？　私たちがこれまでなんとなく常識としてイメージしていたのは、「企業はお金が不足している」→「家計は基本的にお金が余っている」→「だから、家計から企業へお金が貸し出され、それで企業は各種の設備投資や研究開発などの活動ができる」→「そしてそのお金の仲介役になるのが銀行」ということであったはずです。

　しかし、この構図は今、完全に崩れてしまったのです。

　企業が1998年を境に、資金不足組から資金余剰組に転じてきたのには理由があります。

　その前年**1997年は、日産生命や北海道拓殖銀行が破綻、山一證券が自主廃業した年**です。日本経済は一気に危機的状況に追い込まれたのです。

　そして、**景気後退により多くの企業が新規投資を一気に手控えたために、その分の資金が大量に余った**のです。

　一般に、景気後退時には企業収益の落ち込みより新規投資の落ち込みが大きいため、資金は余るのです。

　その後も、企業の稼ぎに比べて設備投資などが相対的に低調だったため、多くの企業が大量の金融資産を蓄積するようになりました。

　そうなるとどうなるでしょうか？　**金利が下がると利子が減るので困る、という企業が増えてきた**のです。

　民間全体で見れば、利下げによる「借入コストの低下」というプラス効果より「預貯金の利子の減少」というマイナスのほうが大きくなってきたのです。

　日銀が現在進めている、過去に例を見ない大々的な金融緩和策の狙いの1つは、「利下げで借り手のコストを下げ、投資、消費を増やして物価を引き上げる」とい

◆図6-4-3

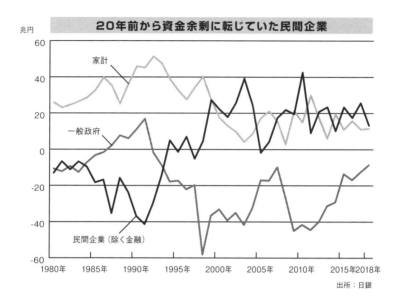

うものです。

つまり、デフレからの脱却です。これは、まさに多くの教科書に書かれてある前述の理屈にならっています。

しかし、以上の事実を踏まえると、これからの教科書は、次のように書き直さなければならないのかもしれません。

「企業が巨額の余剰資金を抱え、家計の預貯金も1000兆円近くにもなった現在、"利下げ"は預貯金、債券の利子を減らし、企業や家計の所得を減らす、というマイナス面が強くなってきた」

そう言えば、2017年に日銀の黒田総裁がスイスのチューリッヒで行った演説がひとしきり話題になりました。金融緩和が行き過ぎれば、弊害を生みかねないことに言及したからです。

このときは、金利が低すぎると、金融機関にとって受入れ預金の金利と貸出金利の差が極端に縮小し、収益が得られないので、企業に貸し付けるという本来の業務に支障が出る、というのが趣旨でした。

いずれにせよ、「金利が下がれば景気が回復する」という昔からの常識は、どうやら大幅に書き直さなければならなくなってきたようです。

05 | もう金利は上がらないのかもしれない

個人の預貯金が年に9兆円も価値を減らしている？

　世の中は、賃金の目減り（つまり、実質賃金の下落）には敏感ですが、**日本の個人が持つ900兆円以上に上る預貯金が年々、目減りしている**ことにはいささか無頓着なようです。

　もちろん、生活の豊かさは賃金に代表されるフロー収入だけではなく、利子、配当などの元になる預貯金や株などストック資産をどれだけ保有しているかによって決まります。

　しかし、すでに足元で、預貯金の実質的な価値が日々減っていることをリアリティを持ってわかっている人は多くないと思うのです。

　アベノミクスが始まってから6年の間に、家計の預貯金は名目上100兆円ほど増えたのですが、その実質的な価値はその半分に当たる50兆円分減っていることをご存知でしょうか？

　50兆円の根拠は、以下のとおりです。

　現在の預金利率は1年定期で0.01％。ほとんどゼロ金利の状態が数年以上続いています。100万円の預金があっても、一度でもＡＴＭの時間外引き出しで108円の手数料を取られたら最後、実質的な預金金利はマイナスになってしまいます。

　アベノミクスが始まって以来、6年間の平均的なインフレ率は年1％。ということは、900兆円の預貯金は年に9兆円分、実質的な価値が減少し続けているのです。

　6年間で約50兆円。そしてこれは、この6年間で名目上増えた100兆円の半分にあたる、というわけです。

人は緩やかな変化に気づきにくい

　2014年4月の3％の消費増税で、消費者物価が2％上がりました。非課税品目があるため、実質的には2％でした。

　これで個人消費が落ち込み、日本経済の回復の芽が摘まれた、と主張する方は多いですが、預貯金の実質価値が目減りしていることはあまり取り上げられません。

　考えてみれば、月に25万円、年間300万円消費する家庭が負担する消費税は6万円。この負担増は、とりあえずは2014年の1回きりでした。

しかし、同じこの家庭が300万円の預貯金を持っていれば、インフレ率1％で1年ごとに3万円分目減りしているのです。

私たちは、一度に2％なり3％コストが上がったことには敏感に反応しますが、毎年1％ずつ上がるというような緩やかな変化に対しては鈍感です。

そんな現象を示す**「ゆで蛙理論」**という言葉が一時流行ったことがありました。

一気に熱湯に放り込んだ蛙は、驚いてそこから飛び出して助かります。しかし、少しずつ温度を上げていったときにはそれに気づかず、熱湯になったときにはもうそこから飛び出る気力、体力を失っているというのです。

さて、過去にも預金が目減りしたことは幾度かありました。

図6-5のグラフでわかるように1973年、78年の第一次、第二次オイルショック、そして1997年と2014年の消費税引き上げ時、さらには2008年の国際商品市況が

第6章 データの因果関係を疑う（旧常識から脱する）

高騰したときです。
　いずれの時期にもインフレ率が預金金利を上回りました。つまり、預金が目減りしたということです。
　もう一度グラフをご覧ください。
　グレーの線が1年定期預金の金利で、黒線が消費者物価の上昇率です。
　2010年頃だと預金金利が0.3％くらい、物価上昇率がマイナス2.4％くらい。ということはこの時期には、預金利息が0.3％しか付かなくても、物価が2.4％も下がっているため、預金の実質的な価値は2.7％上がったと考えられます。
　これが**預金の実質金利**です。この実質金利を示しているのが棒グラフだというわけです。

「日銀の異次元金融緩和」の本質とは？

　さて（ここからが重要なポイントです）、かつての預金の目減りはせいぜい1年で終わったのです。それに対して、今私たちが遭遇している預金目減りは、そんな短期で収まるような代物ではありません。
　なぜか？　**現在私たちが経験しつつある預金目減りの背景は、かつての預金目減り時とは相当異な**るからです。
　現時点での預金目減りの最大の理由は、アベノミクスの一環として日銀が強力に金利を低くコントロールしているからです。にもかかわらず、景気が本格的に上向く気配はほとんどありません。
　一部の金利をマイナスにしても、景気回復が実現しない以上、日銀は低金利政策を辞めるはずがありません。
　もともと日銀が宣言した「金融緩和によって2％インフレを目指す」という政策は、単に物価を上げることではなく、それにより実質金利を引下げて、企業などお金の借り手に有利な状況を作ることにありました。
　お金を大量に供給すれば金利が下がる。一方では物価が上がる。このため「実質金利＝名目金利－物価上昇率」は下がります。
　こうなれば、企業などお金の借り手にとっては、「金利コストが下がり」「それで買った（投資した）モノが値上がりするから儲かる」と、企業にとっては二重のメリットが得られるのです。

これを、預金する側から見れば「利息が減り」「モノの価格が上がるから支払額が増える」となるわけです。つまり二重苦です。

すなわち、**日銀の異次元緩和とは、預金者からお金の借り手への大掛かりな資産（富）の移転を目指したもの**だったのです！

そして、いまだに景気が本格的に上向かないことを理由に、金融緩和政策は続き、預貯金の目減りは続いているというわけです。

◆図6-5

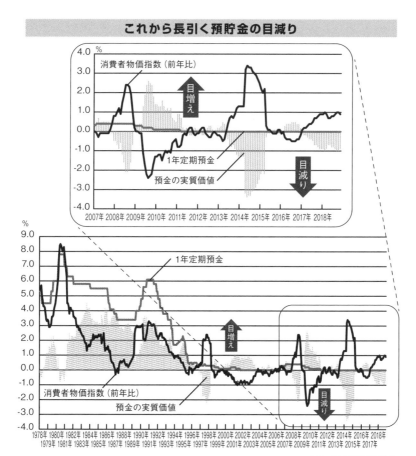

出所：日銀、総務省統計局

角川　総一（かどかわ・そういち）

1949年、大阪生まれ。1974年3月、京都大学文学部中退。(株)金融データシステム代表取締役。80冊以上の本を書き、10誌以上の雑誌で経済・金融・マネー記事を連載し続けてきた。また、主に銀行員を対象に年間平均50以上のセミナーを20年以上にわたって経験。初級の金融・経済、マーケット、マネー関連の分野が中心。理屈の前にまずデータありき、というスタンスを続けてきた。著書に『金融・経済のしくみがおもしろいようにわかる15の連想ゲーム スマホ片手に連想ゲームを楽しむ』(ビジネス教育出版社)、『為替が動くと、世の中どうなる?』(すばる舎)など多数。

図解
ニュースに出る経済数字の本当の読み方
俗説やフェイクを見抜く一生モノのスキルが身につく本

2019年5月30日　第1版第1刷発行

著　者　角川総一

発行所　WAVE出版
　　　　〒102-0074　東京都千代田区九段南3-9-12
　　　　TEL 03-3261-3713　FAX 03-3261-3823
　　　　振替　00100-7-366376
　　　　E-mail info@wave-publishers.co.jp
　　　　http://www.wave-publishers.co.jp

印刷・製本　中央精版印刷

©Souichi KADOKAWA　2019　Printed in Japan
落丁・乱丁本は送料小社負担にてお取り替えいたします。
本書の無断複写・複製・転載を禁じます。
NDC332　191P　21cm
ISBN　978-4-86621-217-3